AF142927

Steffen Philipp

Wirtschaftlichkeit
von Biogasanlagen

Untersuchung verschiedener Betreibermodelle

Philipp, Steffen: Wirtschaftlichkeit von Biogasanlagen. Untersuchung verschiedener Betreibermodelle, Hamburg, Diplomica GmbH

Umschlaggestaltung: Elisabeth Lutz, Hamburg

ISBN-10: 3-8324-9356-5
ISBN-13: 978-3-8324-9356-1

© Diplomica GmbH, Hamburg 2006

Bibliographische Information der Deutschen Bibliothek

Die Deutsche Bibliothek verzeichnet diese Publikation in der Deutschen Nationalbibliografie; detaillierte bibliografische Daten sind im Internet über http://dnb.ddb.de abrufbar.

Dieses Werk ist urheberrechtlich geschützt. Die dadurch begründeten Rechte, insbesondere die der Übersetzung, des Nachdrucks, des Vortrags, der Entnahme von Abbildungen und Tabellen, der Funksendung, der Mikroverfilmung oder der Vervielfältigung auf anderen Wegen und der Speicherung in Datenverarbeitungsanlagen, bleiben, auch bei nur auszugsweiser Verwertung, vorbehalten. Eine Vervielfältigung dieses Werkes oder von Teilen dieses Werkes ist auch im Einzelfall nur in den Grenzen der gesetzlichen Bestimmungen des Urheberrechtsgesetzes der Bundesrepublik Deutschland in der jeweils geltenden Fassung zulässig. Sie ist grundsätzlich vergütungspflichtig. Zuwiderhandlungen unterliegen den Strafbestimmungen des Urheberrechtes. Die Wiedergabe von Gebrauchsnamen, Handelsnamen, Warenbezeichnungen usw. in diesem Werk berechtigt auch ohne besondere Kennzeichnung nicht zu der Annahme, dass solche Namen im Sinne der Warenzeichen- und Markenschutz-Gesetzgebung als frei zu betrachten wären und daher von jedermann benutzt werden dürften. Die Informationen in diesem Werk wurden mit Sorgfalt erarbeitet. Dennoch können Fehler nicht vollständig ausgeschlossen werden und die Diplomica GmbH, die Autoren oder Übersetzer übernehmen keine juristische Verantwortung oder irgendeine Haftung für evtl. verbliebene fehlerhafte Angaben und deren Folgen.

Der Autor

Steffen Philipp, geb. 1967 in Guben/Brandenburg ...

... absolvierte sein Studium der Elektrotechnik/Energietechnik in Zittau. Von 1992 bis 1998 war er Projektingenieur bei öffentlichen Energieversorgungsunternehmen im Land Brandenburg. Stationen seines beruflichen Werdeganges waren weiterhin die Philip Morris GmbH und die Mobilcom AG in Berlin. Von 2004 bis 2005 absolvierte er ein Aufbaustudium zum Wirtschaftsingenieur in Berlin.

Themen der regenerativen Energien beschäftigten ihn frühzeitig. So war der Inhalt seiner ersten Diplomarbeit „Netzrückwirkungen von Windkraftanlagen in das öffentliche Energieversorgungsnetz".

In seiner Diplomarbeit zum Wirtschaftsingenieur untersuchte er die Wirtschaftlichkeit von Biogasanlagen für verschiedene Betreibermodelle.

Steffen Philipp arbeitet seit 2003 bei der ENP GmbH mit.

Inhaltsverzeichnis

Abbildungsverzeichnis 7

Tabellenverzeichnis 7

Abkürzungsverzeichnis 8

Vorwort 9

1. Einführung und Problemstellung 11

2. Die Biogasanlage in der Übersicht 13

    2.1. Ausgangstoffe und Biogasentstehung 13

    2.2. Biogasausbeuten und Methangehalte 13

    2.3. Aufbau und Funktionsweise einer Biogasanlage 15

    2.4. Biogasanlagen auf der Basis von Nachwachsenden Rohstoffen 16

3. Das EEG und die Novellierung vom August 2004 19

4. Investitionsausgaben für den Bau und Betrieb einer Biogasanlage 21

    4.1. Festlegung der Anlagengrößen 21

    4.2. Investitionsausgaben für die Anlagengröße von 550 kW 22

    4.3. Investitionsausgaben für die Anlagengröße von 2 MW 22

    4.4. Laufende Ausgaben der Biogasanlagen 23
        4.4.1. Betriebsgebundene Ausgaben der Biogasanlagen 24
        4.4.2. Verbrauchsgebundene Ausgaben der Biogasanlage 26

    4.5. Abschreibungen 27

    4.6. Laufende Einnahmen der Biogasanlage 28

    4.7. Möglichkeiten der finanziellen Förderung 30

5. Wirtschaftlichkeitsbetrachtung für das Modell Eigenbetreiber 33

    5.1. Die Kapitalwertmethode als Wirtschaftlichkeitskriterium 33

    5.2. Allgemeines 34

    5.3. Aufstellung der Finanzierung und des Kalkulationszinssatzes 34

    5.4. Ein- und Auszahlungen für das Modell Eigenbetreiber 34

    5.5. Berechnung mit der Kapitalwertmethode 36

    5.6. Einflussfaktoren für einen wirtschaftlichen Betrieb 36
        5.6.1. Veränderungen der Betriebsstunden des BHKW 37
        5.6.2. Preissteigerung der Substrate (NawaRo) 38
        5.6.3. Erhöhung der Instandhaltungsausgaben des BHKW 38
        5.6.4. Erhöhung der Ausgaben für die Betriebsführung 39
        5.6.5. Reduzierung der Einspeisepreise 40
        5.6.6. Reduzierung der Investitionsausgaben 40
        5.6.7. Einsatz von Gülle statt Wasser 41
        5.6.8. Änderung des Kalkulationszinssatzes 41

6. Wirtschaftlichkeitsbetrachtung für das Modell Pächter **43**

  6.1. Allgemeines 43

  6.2. Aufstellung der Finanzierung und des Kalkulationszinssatzes 43

  6.3. Ein- und Auszahlungen für das Modell Pächter 44

  6.4. Berechnung mit der Kapitalwertmethode 46

  6.5. Einflussfaktoren für einen wirtschaftlichen Betrieb 46

    6.5.1. Erhöhung der Überschussbeteiligung 46

    6.5.2. Erhöhung des Verdienstes für die Betriebsführung 47

7. Wirtschaftlichkeitsbetrachtung für das Modell Fondsanleger **49**

  7.1. Allgemeines 49

  7.2. Aufstellung der Finanzierung und des Kalkulationszinssatzes 49

  7.3. Ein- und Auszahlungen für das Modell Fondsanleger 50

  7.4. Berechnung mit der Kapitalwertmethode 51

  7.5. Einflussfaktoren für einen wirtschaftlichen Betrieb 51

    7.5.1. Preisminderung der Substrate 51

    7.5.2. Ermittlung des Kalkulationszinssatzes 52

    7.5.3. Reduzierung der Betriebsstunden 53

    7.5.4. Erhöhung der Netzanschlussausgaben 54

8. Schlussbetrachtung **55**

9. Ausblick **57**

Anhang: Kapitalwertberechnungen **59**

Literaturverzeichnis **121**

Abbildungsverzeichnis

Abb. 2.1: Schema der Biogasentstehung 13

Abb. 2.2: Schematischer Aufbau einer Biogasanlage mit Kofermentation 15

Abb. 2.3: Zweistufige Biogas-Anlage 17

Abb. 4.1: Spezifische Investitionsausgaben.. 21

Abb. 7.1: Grafische Ermittlung des realen Zinssatzes 53

Tabellenverzeichnis

Tab. 2.1: Gasausbeuten und Methangehalt verschiedener Kofermente 14

Tab. 3.1: Vergütungspreise für Biogasneuanlagen bei Inbetriebnahme in 2005 20

Tab. 4.1: Investitionsausgaben einer 550 kW-Anlage 22

Tab. 4.2: Investitionsausgaben einer 2 MW-Anlage 23

Tab. 4.3: Betriebsausgaben von Biogasanlagen 26

Tab. 4.4: Ausgaben der Substrate für die 550 kW-Anlage 27

Tab. 4.5: Ausgaben der Substrate für die 2 MW-Anlage 27

Tab. 4.6: Ausbringausgaben der Gärreste für 2 Anlagentypen............................... 27

Tab. 4.7: Abschreibungswerte für Biogasanlagen 28

Tab. 4.8: Stromeinnahmen für zwei Anlagengrößen 30

Tab. 5.1: Übersicht der Ein- und Auszahlungen für das Modell Eigenbetreiber........... 35

Tab. 6.1: Übersicht der Ein- und Auszahlungen für das Modell Pächter 45

Tab. 7.1: Ein- und Auszahlungen für das Modell Fondsanleger 50

Abkürzungsverzeichnis

AfA	Abschreibung für Abnutzung
AG	Agrargenossenschaften
Akh	Arbeitskraftstunde
BHKW	Blockheizkraftwerk
C_0	Kapitalwert
EEG	Erneuerbare Energien Gesetz
FM	Frischmasse
h	Betriebsstunden
KfW	Kreditanstalt für Wiederaufbau
kW	Kilowatt
kWh	Kilowattstunden
KWK	Kraft-Wärme-Kopplung
m^3	Kubikmeter
MW	Megawatt
NawaRo	Nachwachsende Rohstoffe
p. d.	pro Tag
t	Tonne

Vorwort

Der energetischen Nutzung von Biomasse kommt unter den Aspekten des Klimaschutzes, der Ressourcenschonung und der effizienten Energienutzung eine wachsende Bedeutung für die Energieversorgung zu.

Die erste Biogasanlage wurde Ende des 19. Jahrhunderts in England erbaut. Im Juli 2005 arbeiteten in Deutschland 2.000 Biogasanlagen auf der Basis von Entsorgungsstoffen und tierischen Exkrementen.

Mit der Novellierung des Gesetzes für den Vorrang Erneuerbarer Energien (EEG-Novelle) im August vergangenen Jahres ist neue Dynamik in den Biogasbereich gebracht worden. Garantierte Preise für den eingespeisten Strom über 20 Jahre sowie ein zusätzlicher Bonus für Nachwachsende Rohstoffe sorgen für Planungssicherheit. Mit dem Anbau von NawaRo und deren Verstromung in Biogasanlagen werden sich viele Agrarbetriebe zu Energieversorgern umstellen. Unternehmen, die große Flächen bewirtschaften und entsprechende Rohstoffmengen in Biogasanlagen verarbeiten, könnten ganze Ortschaften mit Strom versorgen.

Vor der Errichtung einer Biogasanlage ist die Finanzierung ein wichtiger Aspekt. Je nach finanzieller Situation und Unternehmensform kann es unterschiedliche Betreibermodelle geben. Die Betreiber unterliegen wie alle Unternehmer entsprechenden Chancen aber auch Risiken mit ihrer Investition. Letztlich sollte diese Investition wirtschaftlich vorteilhaft sein.

1. Einführung und Problemstellung

In dieser Studie wird die Wirtschaftlichkeit von Biogasanlagen für verschiedene Betreibermodelle (Eigenbetreiber, Pächter und Fondsanleger) untersucht. Dabei wird die EEG-Novelle vom 1. August 2004, die erhöhte Vergütungen für den eingespeisten Strom auf der Basis von Nachwachsenden Rohstoffen vorsieht, berücksichtigt.

Die Betreibermodelle unterscheiden sich nach den Eigentumsarten, bei den Zinserwartungen des eingebrachten Kapitals und der Risikoabstufung des Investments.

Als Wirtschaftlichkeitskriterium wird der Kapitalwert verwendet. Weiterhin wird dargestellt, durch welche Faktoren Ergebnisveränderungen bei der Wirtschaftlichkeit verursacht werden können. Dabei werden besonders kritische Faktoren herausgestellt.

In der Einleitung werden kurz alle Grundinformationen vermittelt, die zum Verständnis einer Biogasanlage notwendig sind.

Den Hauptteil der Studie bildet die Untersuchung der Wirtschaftlichkeit unter dem Aspekt verschiedener Betreibermodelle und unterschiedlicher Anlagengrößen, die auf der Basis von NawaRo arbeiten. Es erfolgt eine Bewertung der Ergebnisse. Gleichzeitig werden Handlungshinweise gegeben.

In der Schlussbetrachtung werden die Betreibermodelle noch einmal kurz miteinander verglichen und bewertet.

2. Die Biogasanlage in der Übersicht

2.1. Ausgangstoffe und Biogasentstehung[1]

Biogas ist ein Gasgemisch, welches durch den anaeroben, mikrobiellen Abbau von organischen Substanzen entsteht. Diese Substanzen werden als Biomasse bezeichnet. Dabei wird unterschieden nach Biomasse, z. B. Weizen, und nach Energieträger, z. B. Ethanol.

Biogas besteht zu 50 bis 70 % aus dem Energieträger Methan (Abb. 1). Weitere Bestandteile sind Kohlendioxid und Spuren von Stickstoff, Wasserstoff und Schwefelwasserstoff sowie Kohlenmonoxid.

Der Energiegehalt ist direkt vom Methangehalt abhängig. So hat ein Kubikmeter Methan einen Energiegehalt von circa 10 kWh.

Die Bereitstellungskette von Energie aus Biomasse umfasst alle Prozesse, beginnend mit der Produktion der Energiepflanzen bis zur Bereitstellung der Endenergie.

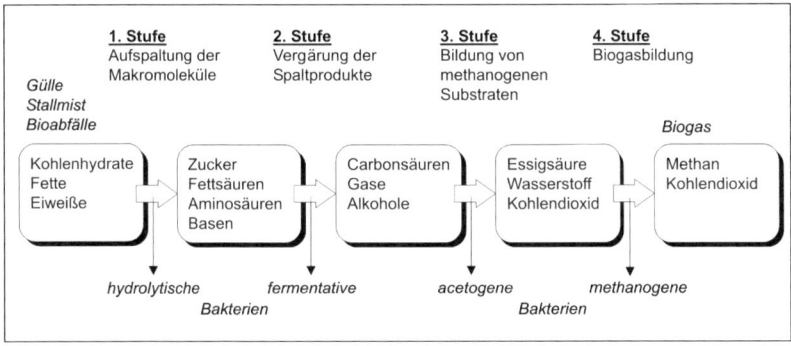

Abb. 2.1: Schema der Biogasentstehung

2.2. Biogasausbeuten und Methangehalte[2]

Die Biogasausbeuten sind zwar in erster Linie substratabhängig, jedoch dürfen Faktoren wie Temperatur, Verweilzeit oder Belastung nicht vernachlässigt werden, um den biochemischen Prozess der Anlage störungsfrei zu halten und letztendlich einen optimalen Ertrag zu erreichen. In Tabelle 2.1 sind die Biogasausbeuten und die Methangehalte aus

---

1 Vgl. AG Biogas, Biogas in der Landwirtschaft, Ministerium für Landwirtschaft Brandenburg, Potsdam 2003, S. 10
2 Vgl. aid infodienst, Biogasanlagen in der Landwirtschaft, Bonn 2003, S. 32

verschiedenen Kofermenten pro t Frischmasse (FM) aufgeführt. Die angegebenen Werte sind Durchschnittswerte, die in der Praxis schwanken können.

Substrate	Trockensubstanz in %	Gasausbeute in m³/t FM	Methangehalt in kWh/m³
Milchviehgülle	8,5	20,2	5,5
Schweinegülle	6,0	20,4	6,0
Geflügelgülle	15,0	56,3	6,5
Maissilage teigreif	28,0	56,3	5,2
Maissilage wachsreif	35,0	201,5	5,2
Grassilage 1.Schnitt	40,0	221,0	5,5
Grassilage 5.Schnitt	40,0	200,3	5,5
Gehaltsfutterrüben	14,0	90,2	5,0
Zuckerrüben	23,0	147,1	5,1
Kartoffeln	22,0	141,2	5,1
Kartoffelschälabfälle	11,0	67,7	5,1
Kartoffelschlempe	6,0	35,0	5,6
Weizen	86,0	591,3	5,3
Weizenspreu	89,0	262,4	5,1
Weizenschlempe	6,0	36,1	5,9
Gerstenstroh	86,0	312,0	5,1
Roggen	87,0	597,0	5,2
Obsttrester	22,0	111,6	5,2
Altbrot	65,0	482,0	5,3
Backabfälle	87,7	650,6	5,3
Gemüseabfälle	15,0	57,0	5,6
Speisereste	16,0	94,0	6,0
Altfrittierfett	95,0	874,0	6,8
Flotafett	7,0	63,0	6,8
Glycerin	100,0	845,7	5,0

Tab. 2.1: Gasausbeuten und Methangehalt verschiedener Kofermente

Die Biogasanlage

2.3. Aufbau und Funktionsweise einer Biogasanlage

Die in der landwirtschaftlichen Biogaspraxis anzutreffenden Verfahren der Biogasge-winnung beruhen fast ausschließlich auf Nassvergärung, da der Prozess im flüssigen Medium stattfindet. Das Durchflussverfahren ist hierbei am weitesten verbreitet. Neben der Nassvergärung kann auch die Trockenvergärung zur Anwendung kommen. Diese wird vor allem für die Bioabfallbehandlung genutzt.

Im Wesentlichen umfasst der Betrieb einer Biogasanlage die Bereiche Substratbereit-stellung und Vorbehandlung, Biogaserzeugung, Gasspeicherung sowie die Strom und Wärmeerzeugung (Abb. 2.2).

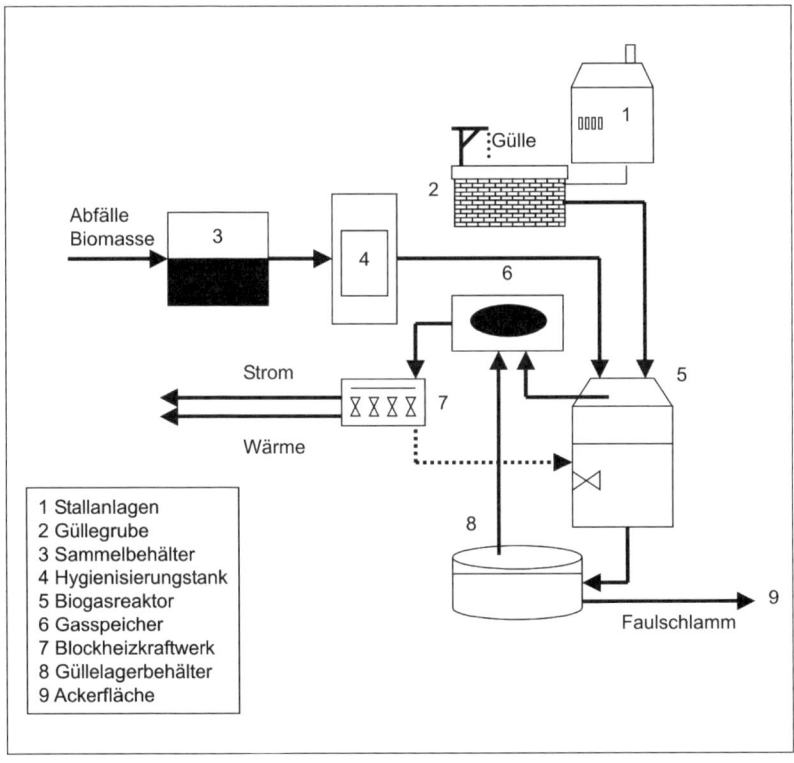

Abb. 2.2: Schematischer Aufbau einer Biogasanlage mit Kofermentation[3]

---

3   Vgl. FNR, Leitfaden Biogas, Fachagentur Nachwachsende Rohstoffe, Gülzow 2004, S. 35

2.4. Biogasanlagen auf der Basis von Nachwachsenden Rohstoffen[4]

Als Nachwachsende Rohstoffe (NawaRo) können z. B. Mais, Roggen und Weizen für die Biogasanlage verwendet werden. Es gibt derzeit verschiedene Typen von Biogasanlagen, die auf der Basis von NawaRo betrieben werden. Da die Technologie für diese Anlagen noch im Entwicklungsstadium ist und die Erfahrungswerte über mehrere Jahre Betrieb fehlen, gibt es keine Standardanlage. Jede Biogasanlage ist ein Unikat, dessen technische Parameter auf die spezifischen Gegebenheiten vor Ort abgestimmt werden.

In diesem Buch werden zwei Anlagen betrachtet, die sich in ihrer elektrischen Anlagenbemessung unterscheiden (550 kW und 2000 kW). Für beide wird jedoch derselbe technische Aufbau gewählt. Zum Einsatz kommt ein zweistufiges Verfahren, da bei diesem Verfahren die Gasausbeute der Substrate optimal ist.

Für beide Anlagen wird nun eine Aufteilung der Anlagentechnik vorgenommen. Diese ist notwendig, um die Investitionsausgaben detailliert in Kapitel 4 ermitteln zu können. Die in Abbildung 2.3 veranschaulichten Komponenten werden wie folgt aufgeteilt:

- Fermenter (1. Stufe)
- Nachgärer (2. Stufe)
- Gärrestlager
- NawaRo-Lager
- Feststoffdirekteintrag
- Gebäude
- Leitungsnetz- und Pumpentechnik
- Anlagensteuerung
- Blockheizkraftwerk (BHKW)
- Biogaskühlaggregat
- Netzanschluss mit Trafo
- Außenanlagen
- Baunebenkosten

---

4   Vgl. FNR, Leitfaden Biogas, Fachagentur Nachwachsende Rohstoffe, Gülzow 2004, S. 12

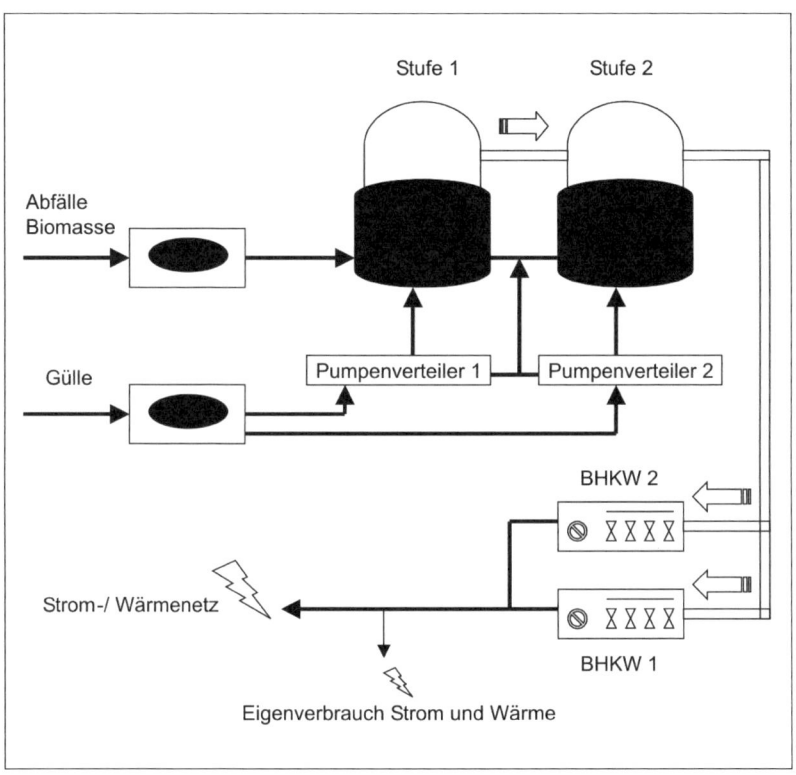

Abb. 2.3: Zweistufige Biogas-Anlage[5]

---

5   Vgl. FNR, Leitfaden Biogas, Fachagentur Nachwachsende Rohstoffe, Gülzow 2004, S. 5

3. Das EEG und die Novellierung vom August 2004[6]

Das Gesetz für den Vorrang Erneuerbarer Energien vom 29. März 2000 soll im Interesse des Klima- und Umweltschutzes eine nachhaltige Entwicklung der Energieversorgung ermöglichen. Dabei soll der Beitrag Erneuerbarer Energien an der Stromversorgung in Deutschland bis zum Jahr 2010 verdoppelt werden.

Mit der Novellierung des Gesetzes verbessern sich ab 1. August 2004 die Rahmenbedingungen für den Einsatz von Biogasanlagen deutlich, da zusätzliche Vergütungen, vor allem der NawaRo-Bonus, gezahlt werden. Das Gesetz legt in Abhängigkeit von der elektrischen Leistung unterschiedliche Mindestvergütungen für den aus Biomasse erzeugten Strom fest.

Zusätzliche Vergütungen erhält man für:

- die Verwendung von NawaRo,
- den Einsatz innovativer Technologien
- die Nutzung der Kraft-Wärme-Kopplung (KWK)

Für den Bezug des NawaRo-Bonus sind Randbedingungen definiert worden.[7]

Der Innovationsbonus wird für besonders fortschrittliche, effiziente und damit umweltschonende Anlagentechnologien wie z. B. Stromerzeugung mittels Brennstoffzellen zur Verfügung gestellt.

Neben dem Innovationsbonus können Betreiber von Biogasneuanlagen auch den KWK-Bonus in Anspruch nehmen. Dieser Bonus wird für denjenigen Anteil an erzeugten Strom vergütet, von dem die gleichzeitig erzeugte Wärmemenge außerhalb der Biogasanlage, z. B. für Wohnhäuser oder Stallanlagen, genutzt wird. Der Anlagenbetreiber

---

6 Vgl. Bundesgesetzblatt Nr. 13, Bonn 29. März 2000

7 Vgl. Bayrische Landesanstalt für Landwirtschaft, München Mai 2004, Seite 2:
   „wenn,
   1. der Strom ausschließlich
      a) aus Pflanzen oder Pflanzenbestandteilen, die in landwirtschaftlichen, forstwirtschaftlichen oder gartenbaulichen Betrieben oder im Rahmen der Landschaftspflege anfallen und die keiner weiteren als zur Ernte, Konservierung oder Nutzung in der Biomasseanlage erfolgten Aufbereitungen oder Veränderung unterzogen wurden
      b) aus Exkrementen und / oder Urin von Nutztieren, mit oder ohne Einstreu oder aus einer landwirtschaftlichen Brennerei angefallener Schlempe, für die keine anderweitige Verwertungspflicht besteht, oder
      c) aus beiden Stoffgruppen gewonnen wird
   2. die Biomasseanlage ausschließlich für den Betrieb mit Stoffen nach Nummer 1 genehmigt ist, oder, soweit eine solche Genehmigung nicht vorliegt, der Anlagenbetreiber durch ein Einsatzstoff-Tagebuch mit Angaben und Belegen über Art, Menge und Herkunft der eingesetzten Stoffe den Nachweis führt, dass keine anderen Stoffe eingesetzt werden und
   3. auf demselben Betriebsgelände keine Biomasseanlagen betrieben werden, in denen Strom aus sonstigen Stoffen gewonnen wird."

---

muss die Wärmenutzung nachweisen. Mittels Wärmemengenzähler und Stromkennzahl lässt sich errechnen, wie viel Strom erzeugt werden musste, um die Wärmemenge zu erzielen.

Die genannten Vergütungen werden für die Dauer von 20 Jahren zuzüglich des Inbetriebnahmejahres gezahlt und sind konstant für diesen Zeitraum. Die Grundvergütung unterliegt einer jährlichen Degression von 1,5 % pro Jahr. In Tabelle 3.1 sind die entsprechenden Vergütungspreise in Abhängigkeit zur Anlagengröße dargestellt.

	Bis 150 kW	Bis 500 kW	Bis 5 MW	Über 5 MW
Grundvergütung	11,5	9,9	8,9	8,4
NawaRo-Bonus	6,0	6,0	4,0	–
Innovations-Bonus	2,0	2,0	2,0	2,0
KWK-Bonus	2,0	2,0	2,0	–

Tab. 3.1: Vergütungspreise für Biogasneuanlagen bei Inbetriebnahme in 2005, alle Angaben in Ct./kWh[8]

---

8   Vgl. o. V., Novelle zum Gesetz für den Vorrang Erneuerbarer Energien, Bundesanzeiger, Berlin 2004

4. Investitionsausgaben für den Bau und Betrieb einer Biogasanlage

4.1. Festlegung der Anlagengrößen

Betrachtet man die Einspeisevergütung in Kapitel 3 (Tabelle 3.1), wird deutlich, dass mit zunehmender Anlagengröße die Einspeisevergütung abnimmt. Der Bau kleinerer Anlagen soll demnach besonders gefördert werden. Insbesondere wird der NawaRo-Bonus ab der Stufe von 500 kW reduziert.

Die Wirtschaftlichkeitsberechnungen werden deshalb für zwei Anlagengrößen, 550 kW und 2 MW (2000 kW), durchgeführt. Dabei kommt für die Betreibermodelle Eigenbetreiber und Pächter die Anlage mit 550 kW in Betracht.[9] Die größere Anlage soll für das Fondsmodell untersucht werden. Dafür spricht, dass Fondsmodelle aufgrund von Marketing- und Vertriebsausgaben erst bei größeren Anlagen tätig werden. Vergleichbare Windparkfonds, die schon einige Jahre angeboten werden, haben ähnliche elektrische Anlagengrößen.[10]

Weiterhin ist zu bemerken, dass mit zunehmender Anlagengröße die spezifischen Investitionsausgaben sinken (Abb. 4.1).

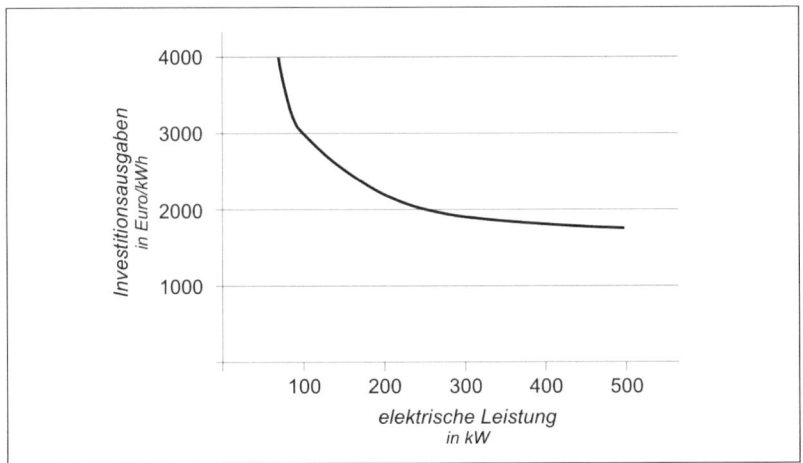

Abb. 4.1: Spezifische Investitionsausgaben[11]

---

9   Vgl. Recherche mit verschiedenen Anlagenbetreibern, Berlin 2005
10   Vgl. Fondsprospekt des Biogasfonds Hünxe, 2004
11   Vgl. FNR, Grundsätze der Projektplanung, Potsdam 2004, S. 191

4.2. Investitionsausgaben für die Anlagengröße von 550 kW

Die Investitionsausgaben für die 500 kW-Anlage sind in Tabelle 4.1 dargestellt. Die größte Ausgabeposition stellt das BHKW dar, welches aus zwei Zündstrahlaggregaten mit 275 kW besteht. Die zweitgrößte Ausgabeposition ist das Gärrestlager.

Es ist möglich, dass einzelne Positionen aufgrund vorhandener Kapazitäten wie Lagergebäude oder Silos reduziert in Ansatz gebracht werden können.

Der Netzanschluss mit Transformator sollte bereits in der Planungsphase genau mit dem Energieversorgungsunternehmen abgestimmt werden. Durch extrem weit entfernte Anschlusspunkte kann diese Ausgabeposition unerwartet hoch ausfallen.

Position	Preis in €
Fermenter	204.000
Nachgärer	197.700
Gärrestlager	207.300
NawaRo-Lager	32.000
Feststoffdirekteintrag	45.000
Gebäude	4.000
Leitungsnetz und Pumptechnik	40.000
Anlagensteuerung	40.000
BHKW	320.000
Biogaskühlaggregat	25.000
Netzanschluss mit Trafo	80.000
Außenanlagen	30.000
Planungskosten	35.000
Baunebenkosten	25.000
Nettosumme	**1.285.000**

Tab. 4.1: Investitionsausgaben einer 550 kW-Anlage[12]

4.3. Investitionsausgaben für die Anlagengröße von 2 MW

Für die Anlagengröße von 2 MW sind die Investitionsausgaben in Tabelle 4.2 dargestellt. Die größte Ausgabeposition ist hier der Fermenter, gefolgt vom Nachgärer.

---

12 Vgl. Tripmacker R., Angebot für den Bau einer Biogasanlage, Fa. Agrargas, Schwerin 2004, S. 2

Für das BHKW kommen zwei Gas-Otto-Motoren mit je 1 MW zum Einsatz[13]. Diese Motoren werden ab ca. 300 kW zum Einsatz gebracht und benötigen kein Zündöl. Vergleicht man die BHKW-Ausgaben für beide Anlagentypen, so ist feststellbar, dass mit zunehmender Anlagengröße die Investitionsausgaben sinken. Der Grund hierfür ist der zunehmende Automatisierungsgrad.

Position	Preis in €
Fermenter	816.000
Nachgärer	790.800
Gärrestlager	829200
NawaRo-Lager	128.000
Feststoffdirekteintrag	180.000
Gebäude	16.000
Leitungsnetz und Pumptechnik	160.000
Anlagensteuerung	160.000
BHKW	708.000
Biogaskühlaggregat	100.000
Netzanschluss mit Trafo	320.000
Außenanlagen	30.000
Planungskosten	35.000
Baunebenkosten	25.000
Nettosumme	**4.298.000**

Tab. 4.2: Investitionsausgaben einer 2 MW-Anlage[14]

4.4. Laufende Ausgaben der Biogasanlagen

Die laufenden Ausgaben, die bei den folgenden Berechnungen als Auszahlungen betrachtet werden, setzen sich aus den betriebs- und verbrauchsgebundenen Ausgaben zusammen.

Für eine erste Abschätzung der Betriebsausgaben wird ein bestimmter Prozent-Anteil angesetzt. Hinzu kommen die Ausgaben für Löhne, die für eine tägliche Betreuung der Anlage erforderlich sind. Zu den verbrauchsgebundenen Ausgaben gehören die Ausga-

---

13 Vgl. Bosse P., Angebot für Blockheizkraftwerke Biogas, Fa. Bosse, Schwerin 2004, S. 2
14 Vgl. Tripmacker R., Angebot für den Bau einer Biogasanlage, Fa. Agrargas, Schwerin 2004, S. 3

ben für Zündöl, Eigenstrombedarf, Ausbringung und Substrate. Sonstige Ausgaben sind unvorhergesehene Ausgaben oder Ausgaben für das Fondsmarketing.

Das Thema „Abschreibungen" wird am Ende des Abschnitts adressiert. Die Abschreibungen gehen jedoch genau wie steuerliche Aspekte nicht in die Wirtschaftlichkeitsberechnungen ein. Der Grund besteht darin, dass Abschreibungen nicht auszahlungswirksam sind.

4.4.1. Betriebsgebundene Ausgaben der Biogasanlagen[15]

Neben den fixen Ausgaben für die Planung, Projektierung und den Bau fallen variable Kosten an, die sich nach der Anlagendimensionierung richten. In Tabelle 4.3 am Ende dieses Abschnitts sind die nachfolgend erläuterten Betriebsausgaben für zwei Anlagen dargestellt.[16]

> Wartung und Instandhaltung

Die allgemeine Wartung der Gebäude und Technikkomponenten ist mit ca. 5 % der Betriebsausgaben anzusetzen.

> Wartung und Instandhaltung (BHKW)

Je nach BHKW-Einsatz sind die Wartungskosten unterschiedlich. So ist bei Gas-Diesel-Motoren und Mikrogasturbinen der Wartungsbedarf gering und bei Gas-Otto- und Zündstrahlmotoren hoch. Der Anteil der Ausgaben für Wartung und Reparaturen an den gesamten Betriebskosten wird im Allgemeinen auf ca. 20 % beziffert, wobei davon auszugehen ist, dass diese 20 % sich auf die Motoren mit höheren Wartungsbedarf beziehen. In der Instandhaltung ist auch der Austausch der Motoren berücksichtigt.

Banken und Versicherungen gewähren günstige Konditionen, wenn eine regelmäßige Wartung sichergestellt ist. Hinzu kommt die höhere Auslastung der Anlage durch weniger Störfälle. Bei Anlagen, die bereits 1–2 Jahre in Betrieb sind, war festzustellen, dass die meisten Stillstandszeiten durch Wartung wie z. B. Ölwechsel verursacht werden.[17]

> Haftpflichtversicherung

Die jährlichen Versicherungskosten sind mit ca. 1 % bis 2 % der Gesamtinvestition zu veranschlagen. Dies entspricht ca. 5 % der gesamten Betriebsausgaben.

---

15 Vgl. aid infodienst, Biogasanlagen in der Landwirtschaft, Bonn 2003, S. 8
16 Vgl. Tripmacker, R., Angebot für den Bau einer Biogasanlage, Fa. Agrargas, Schwerin 2004, S. 5
17 Vgl. Recherche mit verschiedenen Anlagenbetreibern, Berlin 2005

> Arbeitskosten / Betriebsführung

Der Arbeitszeitbedarf für den Betrieb einer Biogasanlage ist über einen Grundbedarf hinaus von dem Betriebskonzept, der Größe der Anlage sowie den eingesetzten Substraten abhängig. Die Kosten machen je nach Zeitbedarf und Lohnniveau ca. 20 % der Betriebsausgaben aus. Je größer die Anlage, umso höher der Automatisierungsgrad. Dementsprechend nimmt der Betreuungsaufwand ab. Für die nachfolgenden Berechnungen werden 8,00 Akh p. d. x 15,00 € je Akh angesetzt.

> Geschäftsführung

Unter Geschäftsführung werden die Ausgaben berücksichtigt, die den Betreibern für die Betriebsführung, Personalverwaltung, Organisation von Instandhaltung und Wartung entstehen. Dafür werden 5 % der Betriebskosten berücksichtigt. Bei Eigenbetreibern und Pächtern werden diese Ausgaben gern vernachlässigt. Da sie jedoch effektiv entstehen, müssen sie auch in der Wirtschaftlichkeitsrechnung berücksichtigt werden.

> Steuerberatung

Für die Steuerberatung wird 1 % der Betriebsausgaben in Ansatz gebracht.

> Grundstückspacht

Die Grundstückspacht wird oft als Ausgabegröße nicht berücksichtigt. Man geht davon aus, dass die Grundstücksfläche auf dem Hof des Landwirtes oder auf dem Betriebsgelände der Agrargenossenschaft vorhanden ist und nicht extra gepachtet oder gekauft werden muss. Da jedoch jede Grundstücksfläche einen monetären Wert darstellt und die für die Biogasanlage genutzte Fläche nicht mehr anders genutzt werden kann, muss eine Grundstückspacht beachtet werden. Es werden dafür 2 % vorgesehen.

> Sonstiges

Unter Sonstiges fallen unerwartete Ausgaben bzw. beim Fondsmodell die Ausgaben für Marketing und Vertrieb des Fonds, die mit 2 % der Betriebskosten angesetzt werden.

Position	550 kW-Anlage	2 MW-Anlage
Wartung/Instandhaltung allgemein	8.600	31.272
Wartung/Instandhaltung (BHKW)	43.279	157.378
Haftpflichtversicherung	10.000	40.000
Betriebsführung	43.800	88.000
Geschäftsführung	12.000	48.000
Steuerberatung	2.000	8.000
Grundstückspacht	5.000	15.000
Sonstiges	5.000	20.000

Tab. 4.3: Betriebsausgaben von Biogasanlagen[18] (alle Angaben in €)

4.4.2. Verbrauchsgebundene Ausgaben der Biogasanlage

Zu den verbrauchsgebundenen Ausgaben gehören die Ausgaben für die Substrate, für den Zündölverbrauch und für die Ausbringung des Gärrestes.[19]

> Substratausgaben (NawaRo) [20]

Als Substrate kommen beispielsweise Roggen und Mais zum Einsatz. Diese Substrate sind günstig anzubauen, anspruchslos im Hinblick auf die Bodenbeschaffenheit und können in vielen Regionen Deutschlands problemlos angebaut werden. Die Wirtschaftlichkeit dieser Substrate ist unmittelbar vom Biomasseertrag, von der Biomassequalität und von den zusätzlichen Ausgaben für die Substratbereitstellung, Kapazitätserweiterung und Arbeitsaufwand abhängig.

Die Substratbeschaffung hängt vom Betreibermodell ab. Während bei Eigenbetreiber und Pächter die Substrate größtenteils selbst produziert werden, kann man bei Fondsanlagen von einem Zukauf ausgehen. In den Tabellen 4.4 und 4.5 sind die Substratausgaben nach den Anlagentypen dargestellt. Bei der 2 MW-Anlage sind eventuell Reduzierungen durch die Vereinbarung von Rabatten möglich, wenn die Substrate zugekauft werden.

> Zündölausgaben

Werden Zündstrahlmotoren eingesetzt, fallen für die Beschaffung und Lagerung des Zündöls Kosten in Höhe von ca. 5 % der Betriebskosten an. Eine Änderung der Zündölmenge wirkt sich nicht wesentlich auf die Betriebskosten aus, da durch das Zündöl

18 Vgl. Tripmacker R., Angebot für den Bau einer Biogasanlage, Fa. Agrargas, Schwerin 2004, S.8
19 Vgl. FNR, Leitfaden Bioenergie, Online in Internet: http://www.fnr.server.de/pdf/literatur/Kapitel 10
20 Vgl. Leitfaden Biogas, Fachagentur Nachwachsende Rohstoffe, Gülzow 2004, S.10

Bau und Betrieb einer Biogasanlage

selbst auch Energie geliefert wird. Für die 550 kW-Anlage sind 108.198 Liter pro Jahr Zündölmenge zu berücksichtigen. Die Kosten dafür betragen 43.279 € pro Jahr. Bei der 2 MW-Anlage fallen keine Zündölkosten an, da bei dieser Anlage Gas-Otto-Motoren für das BHKW zum Einsatz kommen und bei diesen Aggregaten kein Zündölverbrauch anfällt.

	Maissilage	Roggen	Wasser	Gesamt
Menge p. a.	1830 t	2562 t	3650 t	–
Anbaukosten	24 €/t	80 €/t	2 €/t	–
Ausgaben p. a.	43.920 €	204.960 €	7.300 €	256.180 €

Tab. 4.4: Ausgaben der Substrate für die 550 kW-Anlage

	Maissilage	Roggen	Wasser	Gesamt
Menge p. a.	6654 t	9316 t	13.272 t	–
Anbaukosten	24 €/t	80 €/t	2 €/t	–
Ausgaben p. a.	159.696 €	745.280 €	26.544 €	931.520 €

Tab. 4.5: Ausgaben der Substrate für die 2 MW-Anlage

➢ Ausbringungsausgaben

Die Ausgaben stellen den Aufwand dar, der zur Ausbringung des Gärrestes von der Biogasanlage anfällt. Pro m³ Gärrest ist mit 2 € zu rechnen. Die Ausbringungsausgaben sind in nachstehender Tabelle 4.6 aufgeführt.

	550 kW-Anlage	2 MW-Anlage
Gärrest in	9.438 m³	34.320 m³
Kosten pro Jahr	18.876 €	68.640 €

Tab. 4.6: Ausbringausgaben der Gärreste für 2 Anlagentypen

4.5. Abschreibungen

Die Lebensdauer von Biogasanlagen wird derzeit mit 15 bis 20 Jahren veranschlagt, wobei für die technischen Komponenten in Abhängigkeit von der Betriebsstundenzahl und einer regelmäßigen Wartung ca. 8 Jahre anzusetzen sind. Der Motor des BHKW ist innerhalb von 3 bis 5 Jahren auszutauschen.[21]

In Tabelle 4.7 sind die Abschreibungen für die Einzelkomponenten aufgeführt. Für die Gesamtanlage wird eine pauschale Abschreibungszeit von 15 Jahren angenommen.

AfA-Ansatz	Lebensdauer in Jahren	AfA-Ansatz in %
Gebäude, Stromleitung im Freien	20	5
Innere Strom- und Gasleitungen	15	6,7
BHKW	10	10
Fermenter, Güllebehälter	20	5
Rührwerke, Pumpen	10	10
Baunebenkosten	20	5

Tab. 4.7: Abschreibungswerte für Biogasanlagen

4.6. Laufende Einnahmen der Biogasanlage[22]

Unter den laufenden Einnahmen sind die Erlöse, die aus dem Stromverkauf und der Eigennutzung bzw. dem Verkauf der Wärme erzielt werden können zu verstehen. Eine weitere mögliche Einnahme ist der Düngerersatzkostenwert.

➢ Einnahmen aus dem Stromverkauf (Grundvergütung und NawaRo-Bonus)

Für die zwei betrachteten Anlagentypen sind die in Tabelle 4.8 dargestellten Vergütungen zu erzielen. Es sei die Annahme getroffen, dass die tägliche Auslastung 21,9 Stunden pro Tag und im Jahr 8000 h[23] beträgt. Da die Anlage auf der Basis von NawaRo betrieben wird, kann der NawaRo-Bonus voll in Ansatz gebracht werden.

➢ Einnahmen aus der Wärme (KWK-Bonus)

Die Erträge aus der Wärme sind meist gering im Verhältnis zu den Erträgen aus der Stromerzeugung. Für die Biogasanlagenmodelle Eigenbetreiber und Pächter geht man davon aus, dass die Abwärme zur Brauchwasserbereitung und zur Beheizung vom Wohnhaus und ggf. von Ställen genutzt wird, die ca. 3000 l Heizöl verbrauchen würden. Folglich wird dieses Heizöl substituiert.

---

21 Vgl. Grundsätze bei der Projektplanung, Potsdam 2004, S. 123
22 Vgl. Vergütungsinformationen der ASEW, Schwerin 2004
23 Vgl. Recherche mit Anlagenbetreibern, Berlin 2005

Bei einem angenommenen Heizölpreis von 40 Ct/l ergeben sich maximal 1.200 € Ersparnis, die in der Wirtschaftlichkeitsberechnung Berücksichtigung finden.[24]

Um den KWK-Bonus zu erhalten, muss der Eigenbetreiber die Wärmemenge messen. Mit der Stromkennzahl lässt sich dann errechnen, wie viel Strom erzeugt werden musste, um die gemessene Wärmemenge auszukoppeln. Für den in Tabelle 4.8 berechneten Verkauf der Wärme wurde vereinbart, dass die Stromkennzahl 0,70 und die Wärmenutzung 28.500 kWh betragen.[25]

Für die Anlage mit 2 MW wird kein Ertrag aus der Wärme berücksichtigt, da Erfahrungswerte aus der Praxis bisher noch nicht vorliegen.

➤ Einnahme aus dem Einsatz innovativer Technologien (Technologie-Bonus)

Innovative Techniken sind noch nicht im Einsatz. Der Bonus wird nicht berücksichtigt.

➤ Einnahmen aus der Größe Düngerersatzkostenwert

Der Düngerersatzkostenwert ist im Prinzip die Ersparnis der Ausgabegröße Düngemittel, die die Landwirte bzw. die Agrargenossenschaften für den Zukauf von Düngemitteln aufbringen müssten. Da sich in der Literatur nur widersprüchliche Angaben zur genauen Ersparnis finden lassen und von Betreibern bisher keine Praxisdaten vorliegen, findet diese Einnahmegröße für die Wirtschaftlichkeitsberechnungen keine Berücksichtigung.[26]

---

24 Vgl. Grundsätze bei der Projektplanung, Potsdam 2004, S. 195
25 Vgl. Grundsätze bei der Projektplanung, Potsdam 2004, S. 208
26 Vgl. Grundsätze bei der Projektplanung, Potsdam 2004, S.188

	550 kW-Anlage	2 MW-Anlage
Grundvergütung	(150 kW x 11,5 Ct./kWh + 350 kW x 9,9 Ct./kWh + 50 kW x 8,9 Ct./kWh) x 8000 h / 550 kW = 447.920 €	(150 kW x 11,5 Ct./kWh + 350 kW x 9,9 Ct./kWh + 1500 kW x 8,9 Ct./kWh) x 8000 h / 2000 kW = 1.483.200 €
NawaRo-Bonus	(500 kW x 6 Ct./kWh + 50 kW x 4 Ct./kWh) x 8000 h / 550 kW = 255.640 €	(500 kW x 6 Ct./kWh + 1500 kW x 4 Ct./kWh) x 8000 h / 2000 kW = 720.000 €
KWK-Bonus	0,70 x 28.500 kWh x 2 Ct./kWh = 400 €	–
Technologiebonus	–	–
Eigenverbrauch (6 %)	42.213 €	132.192 €
Gesamtvergütung	447.920 € + 255.640 € = 703.560 € – 42.213 € + 400 € = 661.747 €	1.483.200 € + 720.000 € = 2.203.200 € – 132.192 € + 0 € = 2.071.008 €

Tab. 4.8: Stromeinnahmen für zwei Anlagengrößen

4.7. Möglichkeiten der finanziellen Förderung

Biogasanlagen werden durch den Bund und die jeweiligen Bundesländer gefördert. Dabei kann man unterscheiden nach einer direkten und einer indirekten Förderung.

> Direkte Förderung[27]

Die direkte Förderung besteht aus der Möglichkeit eines Zuschusses und eines Teilschulderlasses. Vom Bundesministerium für Umwelt, Naturschutz und Reaktorforschung wurde dazu eine Richtlinie erarbeitet, an der sich die einzelnen Bundesländer orientieren können. Besonders für Eigenbetreiber empfiehlt es sich die Förderung in jedem Fall zu beantragen, da kleinere Anlagen besonders stark gefördert werden sollen.

---

27 Vgl. Rahlwes R., Richtlinien zur Förderung von Maßnahmen zur Nutzung erneuerbarer Energien vom 26. November 2003, Bundesanzeiger Nr. 234, 13. Dezember 2003

Bau und Betrieb einer Biogasanlage

➤ Indirekte Förderung[28]

Es besteht die Möglichkeit eines zinsgünstigen ERP-Umweltkredites der KfW Förderbank.

Die Anlagen werden zu 100 % eigenfinanziert. Ein Fördermittelkredit geht deshalb
nicht in die Berechnungen ein.

➤ Fazit

Jede Förderung verbessert theoretisch die Wirtschaftlichkeit einer Biogasanlage. Aufgrund noch nicht vorliegender Förderangaben erfolgt keine Berücksichtigung in nachstehender Wirtschaftlichkeitsberechnung.

---

28 Vgl.   Online   in   Internet: http://www.kfw-foerderbank.de/DE/Umweltschutz/ERP-Umwelt93/
Frderbedin.jsp

5. Wirtschaftlichkeitsbetrachtung für das Modell Eigenbetreiber

5.1. Die Kapitalwertmethode als Wirtschaftlichkeitskriterium

Als finanzmathematisches Verfahren gehört die Kapitalwertmethode zu den dynamischen Verfahren. Hierbei werden die Ein- und Auszahlungsströme unter Berücksichtigung des Zeitfaktors bis zum Planungshorizont einbezogen[29]. Der Vorteil liegt in der Möglichkeit, Zahlungsreihen betragsmäßig und zeitlich differenziert zu erfassen[30].

Die Vorteilhaftigkeit eines einzelnen Investitionsobjektes ist dann gegeben, wenn der Kapitalwert C_0 größer oder gleich Null ist:

$$C_0 \geq 0$$

Da davon auszugehen ist, dass die jährlichen Überschüsse für die Investition Biogasanlage aufgrund von Faktoren wie z. B. Energieausbeute und Instandhaltung in den Jahren schwanken können, ist die Kapitalwertmethode als Kriterium gut geeignet.

Es gilt die oben genannte Gleichung in folgender Form:

$$C_0 = \frac{e_1 - a_1}{q_1} + \frac{e_2 - a_2}{q_2} + \dots + \frac{e_n - a_n}{q_n} - a_0$$

C_0 = Kapitalwert (€)

e_t = Einzahlung im Nutzungsjahr t, t = 1...n (€/Jahr)

a_t = Auszahlung im Nutzungsjahr t, t = 1...n (€/Jahr)

$\dfrac{1}{q^t}$ = Abzinsungsfaktor (%) im Nutzungsjahr t, t = 1...n

a_0 = Anschaffungswert (€)

---

29 Vgl. Däumler K.-D., Grundlagen der Investitions- und Wirtschaftlichkeitsrechnung, Herne/Berlin 1976, S. 44 ff.

30 Vgl. Bulling H., Skript zur Vorlesung Kapitalwirtschaft, Berlin 2004, Abschnitt II.2.1

5.2. Allgemeines

Das Modell Eigenbetreiber wird vorrangig Agrargenossenschaften betreffen. Aufgrund der Kapazitäten (Agrarflächen) bei diesen Betrieben kommen Anlagen bis zu 550 kW in der Praxis sehr häufig vor.[31]

Die Besitzverhältnisse sind so gestaltet, dass die Biogasanlage zu 100 % dem Eigenbetreiber zuzurechnen ist und die Betriebsführung auch in der Zuständigkeit des Eigenbetreibers liegt.

5.3. Aufstellung der Finanzierung und des Kalkulationszinssatzes[32]

Die Finanzierung der Anlage soll zu 100 % mit Eigenmitteln erfolgen.

Bei Anfragen an verschiedene Betreiber wurden keine Angaben zu Kalkulationszinssätzen gemacht.[33] Als Annahme wird deshalb der Zinssatz verwendet, der auf dem durchschnittlichen Zins für langfristige Bundesanleihen basiert[34]. Dieser hat derzeit eine Range von 4,25 % bis 4,75 %. Der Kalkulationszinssatz des Eigenbetreibers wird deshalb mit 4,5 % festgelegt.

Ein Risikozuschlag wird nicht angesetzt, da die Einspeisevergütung gesetzlich über 20 Jahre abgesichert ist. Für die Agrargenossenschaft kann mit dieser Investition auch das langfristige Bestehen ihres Geschäftsbetriebes gewährleistet werden.

5.4. Ein- und Auszahlungen für das Modell Eigenbetreiber

➢ Erläuterung zu den Einzahlungen (Tabelle 5.1)

Die Wirtschaftlichkeitsberechnungen werden für alle Modelle aufgrund der Förderdauer von 20 Jahren zuzüglich des Inbetriebnahmejahres durchgeführt.

Die Einzahlungen wurden aus Tabelle 4.8 ermittelt. Da im Inbetriebnahmejahr aufgrund der Einfahrphase der Biogasanlage die Stromerträge schwanken und noch nicht die geforderten Parameter erreichen, wird mit Stromdermindereinnahmen von 30 % gerechnet.[35]

---

31 Vgl. Recherche mit Anlagenbetreibern, Berlin 2005
32 Vgl. Olfert, K., Friederich Kiehl Verlag, Ludwigshafen, 2001, S. 98 ff.
   „Der Kalkulationszinssatz stellt bei der Bewertung einer Investition den Zinssatz dar, der vom Investor als gewünschte Mindestverzinsung gefordert wird."
33 Vgl. Recherche mit verschiedenen Anlagenbetreibern, Berlin 2005
34 Vgl. Deutsche Bundesbank, Emission von langfristigen Bundesanleihen, 2005, S. 13 ff.
35 Vgl. Grundsätze bei der Projektplanung, Potsdam 2004, S. 220

> Erläuterung zu den Auszahlungen (Tabelle 5.1)

Die Auszahlungen wurden aus den Tabellen 4.3, 4.4 und 4.6 ermittelt. Für die Auszahlungen wurden Preissteigerungen von 1,5 % pro Jahr angenommen, um die Inflationsrate zu berücksichtigen.

Es sind die ersten vier Jahre einschließlich Inbetriebnahmejahr dargestellt. Die Wirtschaftsjahre 5 bis 20 sind in Anlage 1.1 angegeben.

Jahr	Inbetrieb- nahme	1	2	3	4
Wirtschaftsjahr	**01**	**02**	**03**	**04**	**05**
Strom- und Wärme-vergütung	440.000 €	661.747 €	661.747 €	661.747 €	661.747 €
Substituiertes Heizöl Wohnhaus	1.200 €	1.218 €	1.236 €	1.255 €	1.274 €
Düngerersatz-kostenwert	0 €	0 €	0 €	0 €	0 €
Einzahlungen	**441.200 €**	**662.965 €**	**662.983 €**	**663.002 €**	**663.021 €**
Wartung/Instandh.*	8.600 €	8.729 €	8.860 €	8.993 €	9.128 €
Wartung/Instandh. BHKW*	43.279 €	43.928 €	44.587 €	45.256 €	45.935 €
Haftpflicht-versicherung*	10.000 €	10.150 €	10.302 €	10.457 €	10.614 €
Zündöl*	43.279 €	43.928 €	44.587 €	45.256 €	45.935 €
Ausbringungskosten*	18.876 €	19.159 €	19.447 €	19.738 €	20.034 €
Substrate*	256.180 €	260.023 €	263.923 €	267.882 €	271.900 €
Geschäftsführung*	12.000 €	12.180 €	12.363 €	12.548 €	12.736 €
Betriebsführung*	43.800 €	44.457 €	45.124 €	45.801 €	46.488 €
Steuerberatung*	2.000 €	2.030 €	2.060 €	2.091 €	2.123 €
Grundstückspacht*	5.000 €	5.075 €	5.151 €	5.228 €	5.307 €
Sonstiges*	5.000 €	5.075 €	5.151 €	5.228 €	5.307 €
Auszahlungen	**448.014 €**	**454.734 €**	**461.555 €**	**468.479 €**	**475.506 €**
Differenz Ein-/Auszahlungen	**−6.814 €**	**208.231 €**	**201.428 €**	**194.523 €**	**187.515 €**

Jährliche Steigerungsrate 1,5 %

Tab. 5.1: Übersicht der Ein- und Auszahlungen für das Modell Eigenbetreiber

5.5. Berechnung mit der Kapitalwertmethode

Zur Ermittlung des Kapitalwertes wird nun die Differenz der Ein- und Auszahlungen aus Tabelle 5.1 mit dem Zinssatz aus Abschnitt 5.3 in die Kapitalwertformel eingefügt. Die Anschaffungsauszahlung stellt hier die Investitionsausgabe von 1.285.000 € dar.

$C_0 =$ − 1.285.000 €

$\quad$ − 6.814 € x $1{,}045^{-1}$ $\quad$ + 208.231 € x $1{,}045^{-2}$ $\quad$ + 201.428 € x $1{,}045^{-3}$

$\quad$ + 194.523 € x $1{,}045^{-4}$ $\quad$ + 187.515 € x $1{,}045^{-5}$ $\quad$ + 180.401 € x $1{,}045^{-6}$

$\quad$ + 173.181 € x $1{,}045^{-7}$ $\quad$ + 165.853 € x $1{,}045^{-8}$ $\quad$ + 158.414 € x $1{,}045^{-9}$

$\quad$ + 150.864 € x $1{,}045^{-10}$ $\quad$ + 143.201 € x $1{,}045^{-11}$ $\quad$ + 135.423 € x $1{,}045^{-12}$

$\quad$ + 127.528 € x $1{,}045^{-13}$ $\quad$ + 119.515 € x $1{,}045^{-14}$ $\quad$ + 111.381 € x $1{,}045^{-15}$

$\quad$ + 103.126 € x $1{,}045^{-16}$ $\quad$ + 94.746 € x $1{,}045^{-17}$ $\quad$ + 86.241 € x $1{,}045^{-18}$

$\quad$ + 77.609 € x $1{,}045^{-19}$ $\quad$ + 68.847 € x $1{,}045^{-20}$ $\quad$ + 59.953 € x $1{,}045^{-21}$

= **558.402 €**

➢ Fazit

Die Ermittlung des Kapitalwertes hat einen positiven Wert ergeben. Das bedeutet, dass die Investition vorteilhaft ist, weil der Kapitalwert positiv ist. Die Mindestverzinsung von 4,5 % wurde erreicht und sogar übertroffen. Dies zeigt sich in einem barwertigen Gewinn von 558.402 €.

5.6. Einflussfaktoren für einen wirtschaftlichen Betrieb

➢ Allgemeines

Zuerst gilt es zu überlegen, welche Einflussfaktoren als unsicher anzunehmen sind. Der nächste Schritt ist zu prüfen, wann diese Einflussfaktoren eine kritische Größe erreichen und ob die Investition dann nicht mehr vorteilhaft ist. Im Gegenschluss können einige Faktoren natürlich auch zu Verbesserungen der Wirtschaftlichkeit führen. Diese vorgenannten Überlegungen werden auch Sensitivitätsanalyse genannt.[36]

Die unsicheren Einflussfaktoren bei einer Biogasanlage sind vor allem:

- Veränderung der Betriebsstunden des BHKW
- Preiserhöhung der Substrate
- Erhöhung der Instandhaltungsausgaben des BHKW
- Erhöhung der Ausgaben für die Betriebsführung

---

36 Vgl. Swoboda P., 4.Auflage, Göttingen 1992, S.133

Aber auch die als sicher geltenden Faktoren können einer Änderung unterliegen und sollen deshalb auch eingehender untersucht werden:

- Reduzierung der Einspeisepreise
- Reduzierung der Investitionsausgaben
- Einsatz von Gülle statt Wasser

5.6.1. Veränderungen der Betriebsstunden des BHKW

Eine sensible Größe bei den Einflussfaktoren sind die Betriebsstunden des BHKW. Diese Größe kann aufgrund von vernachlässigter Wartung und Instandhaltung geringer sein als der Ausgangswert von 8000 h/Jahr. Hinzu kommt die Möglichkeit des Totalausfalls der Anlage für einige Tage oder sogar Monate aufgrund von schadhaften Motoren, deren Neubeschaffung einige Wochen dauern kann.

Deshalb wird untersucht, welche Auswirkung eine Verringerung der Betriebsstunden hat. Die Betriebsstunden wurden ins Verhältnis zur Einspeisevergütung gesetzt. Das Inbetriebnahmejahr wurde im Ansatz nicht geändert. Es ändert sich die Zeile Einspeisevergütung in Anlage 1.2 bis 1.4. (Aus Vereinfachung wurde nicht noch einmal die gesamte Kapitalwertformel dargestellt. Diese wird mit dem Rechenprogramm Excel – Funktionsargument NBW – durchgeführt).

➤ Auslastung des BHWK mit 7800 Betriebsstunden

Die Ermittlung des Kapitalwertes ergab einen positiven Wert mit 352.466 €. Der kalkulatorische Zinssatz von 4,5 % wird bei einer Absenkung auf 7800 Betriebsstunden erreicht.

➤ Auslastung des BHWK mit 7500 Betriebsstunden

Bei 7500 Betriebsstunden ist der Kapitalwert weiterhin positiv mit 43.561 €.

➤ Auslastung des BHWK mit 7000 Betriebsstunden

Die Ermittlung des Kapitalwertes ergab einen negativen Wert mit –471.267 €. Die Vorteilhaftigkeit ist nicht mehr gegeben.

➤ Fazit

Es ist festzustellen, dass bei einer Absenkung zwischen 7500 und 7000 Betriebsstunden die Grenze der Vorteilhaftigkeit liegt. Die Absenkung auf 7000 Betriebsstunden entspricht ca. 40 Tagen. Diese Zeit ist verhältnismäßig lang und wird nicht unbedingt in jedem Betriebsjahr auftreten. Trotzdem empfiehlt es sich, eine Ausfallversicherung für längere Stillstandszeiten abzuschließen.

5.6.2. Preissteigerung der Substrate (NawaRo)

In den Berechnungen sind bereits Preissteigerungen von 1,5 % berücksichtigt. Jedoch können auch höhere Einkaufspreise der Substrate unerwartet eintreten. Es sei eine Preissteigerung von 10 %, 15 % und 20 % angenommen. Die Berechnung mit höheren Substratpreisen erfolgt ab dem 2. Wirtschaftsjahr. Es ändert sich die Zeile Substrate (Anlagen 1.5 bis 1.7).

➢ Preissteigerung der Substrate um 10 %

Auch wenn auf den ersten Blick die Preissteigerung enorm erscheint, ergibt die Berechnung des Kapitalwertes mit 251.717 € einen positiven Wert. Dies bedeutet, dass die Wirtschaftlichkeit noch gegeben ist.

➢ Preissteigerung der Substrate um 15 %

Bei einer Preissteigerung um 15 % ist das Ergebnis 71.314 € immer noch positiv.

➢ Preissteigerung der Substrate um 20 %

Bei einer Preissteigerung um 20 % ist das Ergebnis –109.090 €, also ein negativer Kapitalwert. Die Wirtschaftlichkeit wird nicht erreicht.

➢ Fazit

Zwischen 15 % und 20 % ist die Grenze der Vorteilhaftigkeit erreicht. Inwieweit diese Preissteigerungen realistisch sind, ist nicht vorhersehbar. Werden viele Anlagen zeitgleich errichtet, bei denen die Substrate eingekauft und nicht selbst angebaut werden, könnte ein Nachfragemarkt entstehen. Dieser würde die Lieferanten in eine stärkere Position rücken. Ein unerwarteter Anstieg der Substratpreise wäre dann möglich. Aus diesem Grund sollten Lieferverträge möglichst langfristig vereinbart werden. Werden die Substrate durch den Eigenbetreiber selbst produziert, entfällt die Unsicherheit der Preissteigerung.

5.6.3. Erhöhung der Instandhaltungsausgaben des BHKW

Eine Erhöhung der Instandhaltungsausgaben kann z. B. durch eine Preissteigerung bei den Motoren, die alle 3 bis 5 Jahre ausgewechselt werden müssen, eintreten.

Der Anstieg soll ab dem zweiten Wirtschaftsjahr um 30 %, 50 % und 100 % erfolgen. Die entsprechenden Berechnungen sind beigefügt (Anlage 1.8 bis 1.10).

➢ Ergebnis mit 30 % Erhöhung der Instandhaltungsausgaben

Das Ergebnis des Kapitalwertes ist mit 384.691 € positiv. Die Erhöhung um 30 % bedeutet, dass der kalkulatorische Zinssatz erreicht wird.

➢ Ergebnis mit 50 % Erhöhung der Instandhaltungsausgaben

Das Ergebnis des Kapitalwertes ist mit 262.779 € positiv. Die Erhöhung um 50 % bedeutet, dass der kalkulatorische Zinssatz erreicht wird.

➢ Ergebnis mit 100 % Erhöhung der Instandhaltungsausgaben

Das Ergebnis des Kapitalwertes ist mit –42.000 € negativ. Die Mindestverzinsung wird nicht mehr erreicht.

➢ Fazit

Das Ergebnis zeigt, dass im Bereich zwischen 50 % und 100 % Erhöhung der Instandhaltungsausgaben die Grenze der Vorteilhaftigkeit liegt. Solche extremen Erhöhungen sind in der Praxis eher unüblich. Trotzdem empfiehlt es sich, für die Motoren eine langfristige Preisbindung auszuhandeln.

5.6.4. Erhöhung der Ausgaben für die Betriebsführung

Als nächstes soll der Faktor Betriebsführung betrachtet werden. Zwar sind 1,5 % Erhöhung bereits in den Berechnungen enthalten, jedoch könnte ein Anstieg dadurch gegeben sein, dass aufgrund der Anlagenkomplexität qualifizierteres Personal benötigt wird. Dieses Personal könnte dann höhere Ausgaben verursachen.

Die Berechnungen können an dieser Stelle jedoch eingespart werden, da die Ausgaben für die Betriebsführung mit 43.800 € in etwa die gleiche Höhe wie die Instandhaltungsausgaben des BHKW mit 43.279 € haben. Demzufolge führen die prozentualen Steigerungen im Bereich ab 50 % zu kritischen Werten.

➢ Fazit

Erhöhungen zwischen 50 % und 100 % liegen im Grenzbereich der Vorteilhaftigkeit. Aber auch hier kann man nur feststellen, dass derartige Erhöhungen eher unwahrscheinlich sind. Eventuell kann die Betriebsführung an eine Firma vergeben werden, mit der dann langfristige Konditionen vereinbart werden.

5.6.5. Reduzierung der Einspeisepreise

Die Reduzierung des Einspeisepreises ist bei den Einzahlungen die relevanteste Position. Zwar ist die Einspeisevergütung derzeit über die Dauer von 20 Jahren abgesichert, jedoch kann sich mit einem Regierungswechsel die Gesetzeslage ändern.[37] Der Einspeisepreis soll um 3 %, 5 % und 8 % sinken. Es ändert sich die Zeile Einspeisevergütung. (Anlage 1.11 bis 1.13)

➢ Reduzierung der Einspeisepreise um 3 %

Es ergibt sich ein positiver Kapitalwert mit 298.657 €.

➢ Reduzierung der Einspeisepreise um 5 %

Der Kapitalwert ist weiterhin positiv mit 125.489 €.

➢ Reduzierung der Einspeisepreise um 8 %

Hier ergibt sich ein negativer Kapitalwert mit –134.256 €. Die Vorteilhaftigkeit ist nicht mehr gegeben.

➢ Fazit

Das Ergebnis zeigt, dass im Bereich zwischen 5 % und 8 % die Grenze der Vorteilhaftigkeit der Investition liegt. Werden also Reduzierungen des Einspeisepreises im genannten Bereich vorgenommen, sollte eine Kapitalwertermittlung erfolgen.

5.6.6. Reduzierung der Investitionsausgaben

Eine Senkung der Investitionsausgaben ist meist leichter zu realisieren, als eine Reduzierung von Substrat- oder Zündölausgaben. Eine Möglichkeit besteht im Erbringen von Eigenleistungen beim Bau der Anlage (Schachtarbeiten, Begrünung des Geländes). Können vorhandene Gebäude oder Silos für die Lagerung der Substrate und Gärreste genutzt werden, ist noch einmal eine Reduzierung möglich. Weiterhin ist die Angebotseinholung von mehreren BHKW-Herstellern sinnvoll, um das günstigste Angebot auswählen zu können.

Da die Anlage des Eigenbetreibers bereits wirtschaftlich arbeitet, würde die Berechnung reduzierter Anschaffungskosten das positive Ergebnis des Kapitalwertes nur erhöhen. Deshalb soll die Berechnung im Folgenden zugleich mit der Faktor-Absenkung der Betriebsstunden auf die kritische Größe von 7000 h erfolgen (Abschnitt 5.6.1). Die Redu-

---

37 o. V., Online in Internet:http://www.finanztreff.de/fp/archiv/ „ Die CDU will bei einem Wahlsieg die Energiepolitik auf den Prüfstand stellen. In der Kritik steht besonders die Förderung der Windenergie. Welche Auswirkungen auf die Solar- und Biogasbranche damit verbunden sind, ist noch nicht absehbar.“

zierung der Anschaffungsausgaben wird mit 10 % angesetzt. Die Berechnungen sind in Anlage 1.14 ersichtlich. Es ergeben sich Änderungen bei den Zeilen Einspeisevergütung und Anschaffungsausgaben.

Die Ermittlung des Kapitalwertes ergibt einen negativen Wert von –342.767 €.

➤ Fazit

Trotz der reduzierten Anschaffungsausgaben bleibt bei einer Absenkung auf 7000 h der Kapitalwert negativ. Die Reduktion ist zu gering, um das Ergebnis signifikant zu verändern. Die Bedeutung der Betriebsstunden für die Wirtschaftlichkeit wird noch einmal klar aufgezeigt.

5.6.7. Einsatz von Gülle statt Wasser

Bei den Agrargenossenschaften, die auch Tierhaltung betreiben, liegt natürlich die Möglichkeit der Gülleverwertung in der Biogasanlage und die Einsparung des Wassers auf der Hand. Zum einen entfällt die Entsorgung der Gülle und zum anderen besitzt die Gülle einen Energiegehalt, der genutzt werden kann (Tabelle 2.1). Es soll angenommen werden, dass die komplette Wassermenge durch Gülle substituiert wird. Es ändert sich die Position Substrate, aus der die Kosten für den Wasserverbrauch herausgerechnet werden. Entsprechend Tabelle 3.5 betragen diese 7.300 €/Jahr.

➤ Einsatz von Gülle statt Wasser

Die Ermittlung des Kapitalwertes in Anlage 1.15 ergibt mit 669.774 € einen positiven und höheren Kapitalwert als bei der Ausgangsberechnung.

➤ Fazit

Das Ergebnis einer Verbesserung der Wirtschaftlichkeit ist erwartungsgemäß eingetreten. Der barwertige Gewinn steigt um 111.342 €.

5.6.8. Änderung des Kalkulationszinssatzes

Aus den Ergebnissen der Abschnitte 5.6.2 bis 5.6.4 ist ersichtlich, dass signifikante Erhöhungen der Auszahlungsgrößen die Wirtschaftlichkeit der Investition immer noch gewährleisten. Deshalb stellt sich die eigentlich interessante Frage, wie weit sich der Kalkulationszinssatz steigern lässt, bis die Investition unvorteilhaft wird, kurzum welche Rendite wirklich erwirtschaftet wird. Da die Kapitalwertmethode immer einen Zinssatz voraussetzt, kann der gesuchte Zins durch Einsetzen unterschiedlicher Zinssätze eingegrenzt werden. Die Berechnungen erfolgen für einen Kalkulationszinssatz von 8 % und von 10 % (Anlage 1.16 bis 1.17).

➢ Erhöhung des Kalkulationszinssatzes auf 8 %

Die Erhöhung auf 8 % ergibt einen Kapitalwert von 131.022 €. Die Investition ist immer noch vorteilhaft.

➢ Erhöhung des Kalkulationszinssatzes auf 10 %

Bei dieser Erhöhung wird der Kapitalwert mit –48.911 € negativ. Die Vorteilhaftigkeit ist nicht mehr gegeben.

➢ Fazit

Zwischen 8 % und 10 % Kalkulationszinssatz befindet sich die Grenze der Vorteilhaftigkeit. Bedenkt man, dass diese Rendite doppelt so hoch ist wie die der langfristigen Bundesanleihen und obendrein über 20 Jahre erzielt werden kann, ist das ein ordentliches Ergebnis.

6. Wirtschaftlichkeitsbetrachtung für das Modell Pächter

6.1. Allgemeines

Das Modell Pächter wird auch häufig Biogas-Contract genannt. Bei diesem Modell liefert der Pächter (Landwirt, Agrargenossenschaft) Substrate, stellt die Grundstücksfläche für die Anlage zur Verfügung und ist für die Betriebsführung (Beschicken und Kontrolle der Anlage) verantwortlich.

Die Eckdaten für das Modell werden beispielhaft vom Angebot der Schmack Biogas GmbH verwendet.[38] Da viele Agrargenossenschaften als Pächter auftreten, kann für dieses Betreibermodell auch wieder die 550 kW-Anlage verwendet werden.

Der Pächter hat folgende Leistungen zu erbringen:

- Einmalzahlung von ca. 0,5 %*
- Lieferung der Substrate für 70 €/t Roggen

Der Pächter erhält folgenden Leistungen:

- Grundstückspacht von ca. 0,6 %*
- Verdienst für die Betriebsführung von ca. 0,6 %*
- Nutzung der gesamten anfallenden Wärme
- Beanspruchung Düngerersatzkostenwert
- Überschussbeteiligung von 25 % ab ca. 7000 Betriebsstunden

* = der Investitionssumme*

6.2. Aufstellung der Finanzierung und des Kalkulationszinssatzes

Die Finanzierung der Anlage erfolgt zu annähernd 100 % durch den Errichter der Anlage.

Der Pächter hat lediglich die Einmalzahlung in Höhe von 0,5 % der Investitionssumme einzubringen. Bei der 550 kW-Anlage entspricht dies 6.425 €. Diese Einmalzahlung stellt für die Kapitalwertberechnung die Anschaffungsauszahlung dar.

Der Pächter bringt im Vergleich zum Eigenbetreiber verhältnismäßig wenig Eigenkapital ein. Jedoch bindet sich auch der Pächter langfristig mit seinem Grundstück und seinen Agrarflächen, so dass diese nicht anderweitig zur Verfügung stehen. Als Kalkulationszinssatz werden wie bei dem Eigenbetreiber 4,5 % festgelegt.

---

38 Vgl. Biogas-Contract II Angebot, Schmack Biogas GmbH, Schwandorf 2004

6.3. Ein- und Auszahlungen für das Modell Pächter

➤ Erläuterung zu den Einzahlungen (Tabelle 6.1)

Das Inbetriebnahmejahr wird den Folgejahren gleichgesetzt. Es ist keine Unterscheidung notwendig, da der Pächter bereits im Inbetriebnahmejahr die garantierten Leistungen erhält.

Die Einspeisevergütung, hier als Überschussbeteiligung vereinbart, wird ab 7000 h gezahlt.

Bei 8000 h werden 661.747 € (Modell Eigenbetreiber) erzielt. Eine Verhältnisgleichung für 1000 h ergibt 82.718 €. Davon erhält der Pächter 20.679 € (25 %).

Die Position „Substituiertes Heizöl" wird mit demselben Wert angenommen wie bei dem Modell Eigenbetreiber und berücksichtigt jährliche Steigerungen von 1,5 % (Abschnitt 4.6).

Der Pächter erhält 0,6 % der Investitionssumme als Verdienst. Dies sind ca. 8.000 €/Jahr.

➤ Erläuterung zu den Auszahlungen (Tabelle 6.1)

Die Positionen Wartung/Instandhaltung, Zündöl, Haftpflichtversicherung, Steuern und Sonstiges werden durch den Errichter der Anlage übernommen und deshalb nicht berücksichtigt. Die Ausbringungskosten werden wie bei dem Eigenbetreiber angesetzt.

Die Substrate werden nicht berücksichtigt, da sie bereits mit 70 €/t vergütet werden und somit nicht in die Rechnung eingehen.

Die Grundstückspacht beträgt 8000 €; ca. 0,6 % der Investitionssumme.

Bei dem Angebot der Schmack Biogas GmbH ist davon auszugehen, dass der Pächter die Anlage beschickt und bedient. Die Betriebsführung wird deshalb wie bei dem Eigenbetreiber mit 43.800 €/Jahr eingesetzt. Jährliche Steigerungen sind nicht berücksichtigt, da diese im Angebot der Schmack Biogas GmbH auch nicht vorgesehen sind.

Die Jahre 5 bis 20 sind in Anlage 2.1 dargestellt.

Jahr	Inbetrieb-nahme	1	2	3	4
Wirtschaftsjahr	**01**	**02**	**03**	**04**	**05**
Überschuss-beteiligung	20.679 €	20.679 €	20.679 €	20.679 €	20.679 €
Substituiertes Heiz-öl Wohnhaus*	1.200 €	1.218 €	1.236 €	1.255 €	1.274 €
Düngerersatz-kostenwert	0 €	0 €	0 €	0 €	0 €
Grundstückspacht	8.000 €	8.000 €	8.000 €	8.000 €	8.000 €
Verdienst	8.000 €	8.000 €	8.000 €	8.000 €	8.000 €
Einzahlungen	**37.879 €**	**37.897 €**	**37.915 €**	**37.934 €**	**37.953 €**
Wartung/Instandh.	0 €	0 €	0 €	0 €	0 €
Wartung/Instandh. BHKW	0 €	0 €	0 €	0 €	0 €
Haftpflicht-versicherung	0 €	0 €	0 €	0 €	0 €
Zündöl	0 €	0 €	0 €	0 €	0 €
Ausbringungskosten	18.876 €	18.876 €	18.876 €	18.876 €	18.876 €
Substrate	0 €	0 €	0 €	0 €	0 €
Geschäftsführung	0 €	0 €	0 €	0 €	0 €
Betriebsführung	43.800 €	43.800 €	43.800 €	43.800 €	43.800 €
Steuerberatung	0 €	0 €	0 €	0 €	0 €
Grundstückspacht	0 €	0 €	0 €	0 €	0 €
Sonstiges	0 €	0 €	0 €	0 €	0 €
Auszahlungen	**62.676 €**	**62.676 €**	**62.676 €**	**62.676 €**	**62.676 €**
Differenz Ein-/Auszahlungen	**–24.797 €**	**–24.779 €**	**–24.761 €**	**–24.742 €**	**–24.723 €**

1,5 % Steigerung pro Jahr

Tab. 6.1: Übersicht der Ein- und Auszahlungen für das Modell Pächter

6.4. Berechnung mit der Kapitalwertmethode

Die Ermittlung des Kapitalwertes und die Frage nach der Vorteilhaftigkeit erübrigen sich eigentlich aus der Erkenntnis, dass nur negative Ergebnisse aus der Differenz der Ein- und Auszahlungen erzielt werden. Trotzdem soll ordnungsgemäß der Kapitalwert ermittelt werden. Das Ergebnis des Kapitalwertes aus Anlage 2.1 ist –323.755 €.

➤ Fazit

Bei diesem Modell wird keine Wirtschaftlichkeit erzielt, weil keine Einzahlungsüberschüsse erreicht werden. Selbst bei einem geringeren Kalkulationszinsansatz würde sich das Ergebnis nicht ändern. Der Pächter erhält unter diesen Annahmen keine Verzinsung. Die auf den ersten Blick interessanten Anreize für den Pächter erweisen sich bei näherer Untersuchung als unvorteilhaft. Im nächsten Abschnitt soll untersucht werden, unter welchen Bedingungen eine Verzinsung gegeben wäre.

6.5. Einflussfaktoren für einen wirtschaftlichen Betrieb

➤ Allgemeines

Aufgrund der Ergebnisse aus Abschnitt 6.4 stellt sich hauptsächlich die Frage, wann für den Pächter die Wirtschaftlichkeit erreicht wird. Als wesentliche Faktoren kommen die Überschussbeteiligung und der Verdienst für die Betriebsführung in Betracht.

Als Erstes soll die Erhöhung der Überschussbeteiligung untersucht werden. Angenommen wird eine Erhöhung auf 50 % (41.359 €) und auf 60 % (49.630 €). In die Zeile Überschussbeteiligung werden die Werte eingetragen (Anlage 2.2 bis 2.3).

6.5.1. Erhöhung der Überschussbeteiligung

➤ Erhöhung der Überschussbeteiligung auf 50 %

Bei einer Erhöhung auf 50 % ist der Kapitalwert mit –46.545 € immer noch negativ.

➤ Erhöhung der Überschussbeteiligung auf 60 %

Hier ergibt sich ein anderes Bild. Der Kapitalwert ist mit 64.325 € positiv, die Investition vorteilhaft.

➤ Fazit

Bei einer Erhöhung der Überschussbeteiligung zwischen 50 % und 60 % wird die Investition vorteilhaft. Der Pächter sollte dementsprechend bei Abschluss eines Pachtvertrages die Vertragsbedingungen sorgfältig prüfen und ggf. ändern, um seinen kalkulatorischen Zinssatz zu erreichen.

6.5.2. Erhöhung des Verdienstes für die Betriebsführung

Wird der Verdienst für die Betriebsführung erhöht, kann der Pächter ebenfalls den Kalkulationszinssatz erreichen.

Der Ausgangswert des Verdienstes beträgt 0,6 % der Investitionsausgaben. Dieser Wert soll um 1 % auf 20.850 € (1,6 % der Investitionsausgaben) bzw. um 2 % auf 33.700 € (2,6 %) erhöht werden. Die Werte werden in die Zeile Verdienst (Anlage 2.4 und 2.5) eingetragen.

➢ Erhöhung auf 1 %

Der Kapitalwert bleibt vorerst negativ mit –151.504 €.

➢ Erhöhung auf 2 %

Der Kapitalwert ist nun positiv mit 16.859 €. Der Kalkulationszinssatz wurde erreicht.

➢ Fazit

Bei einer Erhöhung des Verdienstes für die Betriebsführung im Bereich von 1 % bis 2 % erreicht der Pächter seinen Kalkulationszinssatz. Genau wie bei der Überschussbeteiligung verbleibt der Hinweis, den Pachtvertrag entsprechend zu gestalten.

7. Wirtschaftlichkeitsbetrachtung für das Modell Fondsanleger

7.1. Allgemeines

Bei der Finanzierung einer Biogasanlage über einen Projektfonds stellen Privatanleger und Investoren Eigenkapital bereit. Eine private Projektgesellschaft initiiert mit Hilfe dieser Mittel den Fonds.

Das Fondsvolumen wird meist in Form von stillen Gesellschaftsanteilen angeboten. Die Zeichner sind somit als Gesellschafter an allen Gewinnen und Verlusten beteiligt. Verluste, die während der Fondsdauer auftreten können, werden dem Anleger anteilig zugewiesen. Diese Verlustzuweisungen können sich bei dem privaten Investor steuermindernd auswirken.

Für die Anleger ist ein größeres Risiko bei der Anlage in einen solchen Fonds verbunden.

Im Gegensatz zum Eigenbetreiber haben die Fondsanleger keine weiteren Vorteile von der Investition wie z. B. die langfristige Sicherung ihres Geschäftsbetriebes. Die Fondsanleger haben kaum Einfluss auf eine erfolgreiche Betriebsführung. Verluste, die die Betreiber verursachen, müssen die Fondsanleger voll mittragen. Deshalb erwarten diese auch eine entsprechend höhere Verzinsung ihres Kapitals.

Die Auflegung eines Fonds wird aufgrund der Marketing- und Vertriebskosten erst ab einer gewissen Investitionssumme realisiert. Deshalb soll in den folgenden Berechnungen die 2 MW-Anlage als Beispielanlage verwendet werden.[39]

7.2. Aufstellung der Finanzierung und des Kalkulationszinssatzes

Die Finanzierung wird zu 100 % durch die Eigenkapitaleinlage der Fondsanleger vorgenommen. Die Mindesteinlage beträgt dabei 10.000 €.[40]

Auch bei diesem Modell ist der kalkulatorische Zinssatz festzulegen. Fondsangebote zu Biogas werden derzeit noch nicht angeboten. Da Biogasfonds aber hinsichtlich Einspeisegarantie und Risiko mit Windparkfonds verglichen werden können, soll als Kalkulationszinssatz der des Windparks Düngenheim mit 9,9 % Rendite dienen.[41]

---

39 Vgl. Vgl. Fondsprospekt des Biogasfonds Hünxe, 2004
40 Vgl. Fondsprospekt des Biogasfonds Hünxe, 2004
41 Vgl. Fondsprospekt des Windparks Düngenheim, 2005

7.3. Ein- und Auszahlungen für das Modell Fondsanleger

➤ Erläuterung zu den Einzahlungen (Tabelle 7.1)

Die Stromvergütung wird aus Tabelle 4.8 ermittelt. Für das Inbetriebnahmejahr werden wieder Stromeinnahmen von 30 % berücksichtigt.

Einzahlungen aus dem Wärme- und Düngerverkauf werden nicht erzielt. Somit erfolgen auch keine Einzahlungen für substituiertes Heizöl.

Jahr	Inbetrieb-nahme	1	2	3	4
Wirtschaftsjahr	01	02	03	04	05
Stromvergütung	1.449.705 €	2.071.008 €	2.071.008 €	2.071.008 €	2.071.008 €
Substituiertes Heiz-öl Wohnhaus	0 €	0 €	0 €	0 €	0 €
Düngerersatz-kostenwert	0 €	0 €	0 €	0 €	0 €
Einzahlungen	**1.449.705 €**	**2.071.008 €**	**2.071.008 €**	**2.071.008 €**	**2.071.008 €**
Wartung/Instandh.*	31.272 €	31.741 €	32.217 €	32.700 €	33.191 €
Wartung/Instandh. BHKW*	157.378 €	159.739 €	162.135 €	164.567 €	167.035 €
Haftpflicht-versicherung*	40.000 €	40.600 €	41.209 €	41.827 €	42.455 €
Zündöl*	0 €	0 €	0 €	0 €	0 €
Ausbringungs-kosten*	68.640 €	69.670 €	70.715 €	71.775 €	72.852 €
Substrate*	931.520 €	945.493 €	959.675 €	974.070 €	988.681 €
Geschäftsführung*	12.000 €	12.180 €	12.363 €	12.548 €	12.736 €
Betriebsführung*	88.000 €	89.320 €	90.660 €	92.020 €	93.400 €
Steuerberatung*	8.000 €	8.120 €	8.242 €	8.365 €	8.491 €
Grundstückspacht*	15.000 €	15.225 €	15.453 €	15.685 €	15.920 €
Sonstiges*	20.000 €	20.300 €	20.605 €	20.914 €	21.227 €
Auszahlungen	**1.371.810 €**	**1.392.387 €**	**1.413.273 €**	**1.434.472 €**	**1.455.989 €**
Differenz Ein-/Auszahlungen	**77.895 €**	**678.621 €**	**657.735 €**	**636.536 €**	**615.019 €**

1,5 % Preissteigerung berücksichtigt

Tab. 7.1: Ein- und Auszahlungen für das Modell Fondsanleger

> Erläuterung zu den Auszahlungen (Tabelle 7.1)

Alle Angaben wurden aus den Tabellen 4.3, 4.5 und 4.6 ermittelt. Ausgaben für das Zündöl entfallen, da ein Gas-Otto-Motor verwendet wird und dieser kein Zündöl benötigt. Unter die Position Sonstiges fallen die Ausgaben für Marketing und Vertrieb der Fonds.

Die Jahre 5 bis 20 werden gesondert in Anlage 3.1 dargestellt.

7.4. Berechnung mit der Kapitalwertmethode

Zur Ermittlung des Kapitalwertes wird nun die Differenz der Ein- und Auszahlungen aus Tabelle 7.1 mit dem Zinssatz aus Abschnitt 7.2 in die Kapitalwertformel eingefügt. Die Anschaffungsauszahlung stellt hier die Investitionsausgabe von 4.298.000 € dar.

Die Berechnung des Kapitalwertes in Anlage 3.1 ergibt den Wert von –81.442 €. Die Investition ist nicht vorteilhaft, der Kalkulationszinssatz wird nicht erreicht.

> Fazit

Das Modell ist unter den angegebenen Eckdaten nicht vorteilhaft. Die Einzahlungen reichen nicht aus, um den kalkulatorischen Zinssatz zu erreichen. Die Fondsanleger müssen mit einer geringeren Rendite rechnen.

7.5. Einflussfaktoren für einen wirtschaftlichen Betrieb

An erster Stelle der Untersuchung steht die Frage, welcher Einflussfaktor die Vorteilhaftigkeit für den Fondsanleger bewirken kann. Als nächster Schritt erfolgt näherungsweise die Ermittlung des real erzielten Zinssatzes für die Ausgangsberechnung. Ausgehend von diesem Zinssatz werden weitere relevante Einflussfaktoren untersucht.

Im Einzelnen werden folgende Faktoren behandelt:

- Preisminderung der Substrate
- Ermittlung des Kalkulationszinssatzes
- Reduzierung der Betriebsstunden
- Erhöhung der Netzanschlussausgaben

7.5.1. Preisminderung der Substrate

Die Substrate verursachen den größten Teil der Auszahlungen (Tabelle 7.1). Eine Minderung dieser Ausgaben wird deshalb merklichen Einfluss auf das Erreichen der Vorteilhaftigkeit haben. Die Minderung soll im einstelligen Bereich erfolgen. Die Ausgaben für Substrate werden um 0,5 % bzw. um 1 % reduziert. Es ändert sich die Zeile Substrate (Anlage 3.2 und 3.3).

➢ Minderung um 0,5 %

Der Kapitalwert ist –36.441 €. Die Minderung ergibt noch keinen positiven Kapitalwert.

➢ Minderung um 1 %

Hier ist das Ergebnis des Kapitalwertes positiv mit 8.570 €. Die Mindestverzinsung der Fondsanleger wird erreicht.

➢ Fazit

Bei einer relativ geringen Minderung zwischen 0,5 % und 1 % wird bereits der Kalkulationszinssatz erzielt. Aufgrund der großen Einkaufsmengen sollte es der Fondsgesellschaft möglich sein, Rabatte in dieser Größenordnung gegenüber den Lieferanten durchzusetzen.

7.5.2. Ermittlung des Kalkulationszinssatzes

Aufgrund der Ergebnisse aus Abschnitt 7.4 stellt sich hauptsächlich die Frage, mit welchem Zinssatz der Fondsanleger real rechnen kann. Die Abstufungen erfolgen in kleinen Schritten, beginnend bei 9,5 %. In die Formel der Kapitalwertberechnung werden die geänderten Werte eingetragen (Anlage 3.4).

➢ Kalkulationszinssatz mit 9,5 %

Die Ermittlung des Kapitalwertes ergibt bereits einen positiven Wert mit 31.177 €. Die Investition ist für den Fondsanleger bei diesem Zinssatz vorteilhaft. Weitere Berechnungen erübrigen sich somit.

➢ Fazit

Die Berechnung ergab, dass der Kalkulationszinssatz zwischen 9,5 % und 9,9 % liegt. Werden die beiden Zinssätze in eine Grafik eingetragen (Excel-Programm), kann der reale Zinssatz näherungsweise ermittelt werden (Abb. 7.1). Der liegt demnach bei ca. 9,6 %. Der real erzielbare Zinssatz liegt nahe am Kalkulationszinssatz. Deshalb sollte dieser Zinssatz für den einzelnen Anleger noch attraktiv sein.

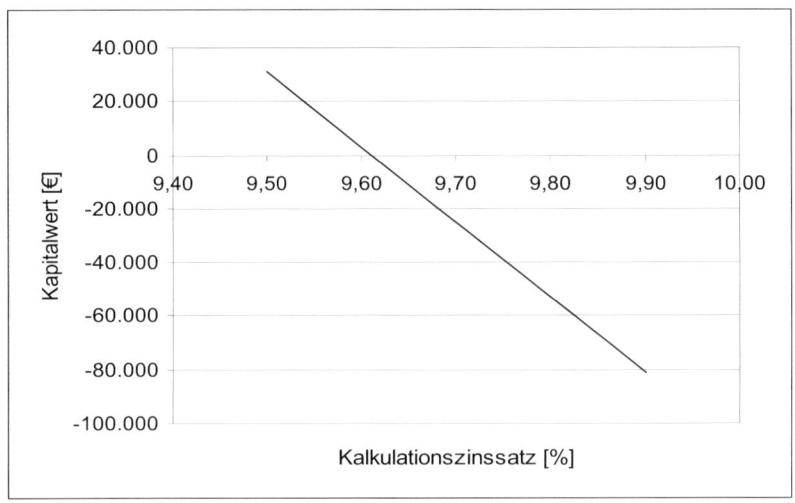

Abb. 7.1: Grafische Ermittlung des realen Zinssatzes

7.5.3. Reduzierung der Betriebsstunden

Im Unterschied zum Eigenbetreiber und Pächter wird die Betriebsführung der Anlage von einer Betreiberfirma realisiert. Es ist möglich, dass diese Firma die Betriebsführung oberflächlich und desinteressiert durchführt. Die Betriebsstunden könnten dann erheblich absinken. Der bereits korrigierte Zinssatz von 9,6 % würde sich weiter verringern.

Im Beispiel sollen die Betriebsstunden auf 7500 h gesenkt werden (BHKW-Ausfall über 20 Tage). Der Zinssatz wird nun zu 7 % und zu 5 % angenommen. Zur Vereinfachung wurden die Betriebsstunden ins Verhältnis zur Einspeisevergütung gesetzt. Das Inbetriebnahmejahr wurde im Ansatz nicht geändert. Es ändern sich die Zeile Einspeisevergütung ab dem zweiten Wirtschaftsjahr und der Kalkulationszinssatz in Anlage 3.5 bzw. 3.6.

➢ Auslastung mit 7500 h und einem Zinssatz zu 7 %

Die Ermittlung des Kapitalwertes ergab einen Wert von –426.843 €. Der Kalkulationszinssatz wird nicht erreicht.

➢ Auslastung mit 7500 h und einem Zinssatz zu 5 %

Es ergibt sich 164.730 €. Der Zinssatz wird erreicht.

➤ Fazit

Bei einer Reduzierung der Betriebsstunden um ca. 6 % liegt der Kalkulationszinssatz im Bereich von 5 % bis 7 %. Fondszeichner sind gut beraten, eine Garantie über die Einhaltung der Betriebsstundenzahl von den Initiatoren zu erhalten oder ähnliche Absicherungen zu vereinbaren.

7.5.4. Erhöhung der Netzanschlussausgaben

Die Biogasanlagen von Eigenbetreiber und Pächter haben eine elektrische Leistung, die im Regelfall in vorhandene Transformatorenstationen der Ortsnetze eingespeist werden kann. Die Biogasanlage der Fondsanleger besitzt hingegen mit 2 MW eine elektrische Leistung, die nur in das nächste Umspannwerk eingespeist werden kann. Ist der Standort der Biogasanlage weit entfernt vom nächsten Umspannwerk, wird eine umfangreiche Kabelverlegung notwendig. Die Ausgaben für den Netzanschluss können dann erheblich ansteigen.

Die Ausgaben für die Ausgangsberechnung betragen 320.000 €. Kalkuliert wird 1 km Mittelspannungskabel mit 70.000 €.[42] Der Anschluss der Anlage soll zusätzlich eine Länge von 2 km (+140.000 €) verursachen. Die Zinserwartungen werden hier höher angesetzt, da diese Ausgaben nur einmal anfallen. Es werden 9,5 % und 9 % angenommen. Es ändert sich die Zeile Anschaffungsauszahlung und Kalkulationszins (Anlage 3.7 und 3.8).

➤ Zusätzlich 2 km Kabel zu 9,5 %

Die Berechnung ergibt –108.823 €. Der Zinssatz wird bei dieser Mehrlänge nicht erreicht.

➤ Zusätzlich 2 km Kabel zu 9 %

Hier ist der Kapitalwert positiv mit 38.710 €. Der Zinssatz wird erreicht.

➤ Fazit

Durch zusätzliche Anschlusslängen oder andere standortbedingte Faktoren können schnell Mehraufwendungen bei den Investitionsausgaben eintreten. Diese reduzieren den Kalkulationszinssatz aber nicht so erheblich, wie die Absenkung der Betriebsstunden. Trotzdem sollten Fondsanleger auf eine sorgfältige Planung durch die Fondsinitiatoren achten und sich mit Garantien zu den Investitionsausgaben absichern.

---

42 Tripmacker, R., Angebot für den Bau einer Biogasanlage, Schwerin 2004, S. 11

8. Schlussbetrachtung

Aus dem Ergebnis der Wirtschaftlichkeitsberechnungen lässt sich für die einzelnen Betreibermodelle folgendes Resümee ziehen:

➤ Eigenbetreiber

Die Investition in eine Biogasanlage auf der Basis von NawaRo ist wirtschaftlich vorteilhaft.

Der Eigenbetreiber kann über einen langen Zeitraum gesicherte und abschätzbare Einnahmen erzielen. Seine Ausgaben können ebenfalls sicher geplant werden. Die Risiken dabei sind verhältnismäßig gering. Zu überlegen ist, ob statt 100 % Eigenkapital zu einem gewissen Anteil Fremdkapital aufgenommen werden sollte. Das dadurch nicht gebundene Eigenkapital kann dann für andere unternehmerische Zwecke verwendet werden.

Der Eigenbetreiber hat gegenüber Betreiber und Fondsanleger auch den Vorteil, dass er auf einige Ausgabegrößen (Betriebsführung, Substratpreise) besonderen Einfluss nehmen kann, die ihm dann direkt zugute kommen.

➤ Pächter

Das wirtschaftliche Engagement des Pächters ist unvorteilhaft. Bevor der Pächter einen derartigen Pachtvertrag eingeht, sollte er die Möglichkeit der Aufnahme von Fremdkapital prüfen. Bei einem Fremdkapitalzins, der unterhalb der erzielten Rendite des Modells Eigenbetreiber liegt, wäre er immer noch besser gestellt, als mit einem Pachtvertrag. Entscheidet sich der Pächter jedoch für den Pachtvertrag, sollte er die Leistungen die er erhält, sorgsam prüfen und bei Bedarf nachbessern. Finanzielle Engpässe bzw. wirtschaftliche Nöte, die möglicherweise nur kurzfristig sind, sollten nicht die Entscheidung beeinflussen. Der Pächter bindet sich für eine lange Zeit. Möglicherweise kann er dadurch perspektivische Investitionsalternativen nicht nutzen.

Der Pächter kann zwar die Ausgabegrößen steuern, hat aber kaum Vorteile davon.

➤ Fondsanleger

Nur auf den ersten Blick ist das Engagement für den Fondsanleger unvorteilhaft. Jedoch ist die reale Verzinsung so nahe am kalkulatorischen Zinssatz, dass hier von einem wirtschaftlichen Erfolg ausgegangen werden kann.

Der Fondsanleger hat im Vergleich zu den anderen Modellen wenig Einfluss und Steuermöglichkeit auf den Geschäftsbetrieb. Die Einzahlungszusagen (Ausschüttungen) im Fondsprospekt sind meistens nicht garantiert. Es ist also auf eine gute Fondsauswahl zu achten. Die Initiatoren sollten Erfahrung mitbringen und bereits entsprechende Renditen erwirtschaftet haben.

Nicht vergessen werden darf, das Fondsanleger über mögliche Verlustzuweisungen des Fonds ihre Einkommenssteuer mindern können. Dieser Steuervorteil sollte aber nicht in die Wirtschaftlichkeitsberechnung einfließen.

➢ Diskussion der Kapitalwertmethode

Bei den Betreibermodellen Pächter und Fondsanleger wurde gezeigt, dass die Kalkulationszinssätze nicht erreicht wurden. Durch Variation von verschiedenen Faktoren wurde berechnet, wie sich der angestrebte Kalkulationszinssatz erreichen lassen würde.

Oft interessiert darüber hinaus, welcher Zins genau erzielt wird. Mit der Kapitalwertmethode kann man diesen eingrenzen. Jedoch wäre eine andere Methode, z. B. die Methode des internen Zinsfußes, zur exakten Ermittlung besser geeignet.

9. Ausblick

Ein interessanter Aspekt könnte die Möglichkeit sein, Biogasanlagen zukünftig zu leasen.

Ähnlich wie bei den Windkraftanlagen wird die technologische Entwicklung der Biogasbranche durch die Förderung schnell vorangehen. Zum Vergleich: Im Jahr 1992 hatte die größte Windkraftanlage eine elektrische Leistung von 100 kW. Heute sind es 2 MW; das entspricht einer Verzwanzigfachung der Leistung.

Geht die technologische Entwicklung ähnlich rasant bei Biogasanlagen voran, wird besonders der Wirkungsgrad der Anlagen ansteigen. Durch die Verbesserung des Wirkungsgrades wird mehr Strom produziert und es werden höhere Einzahlungen erzielt.

Beim Leasing von Biogasanlagen werden durch die Leasingraten höhere laufende Auszahlungen fällig (Neben- und Finanzierungsausgaben), als bei einem Kreditfinanzierten Kauf. Übersteigen jedoch die höheren Einzahlungen, die durch den verbesserten Wirkungsgrad begründet sind, die zusätzlichen Ausgaben durch die Leasingraten, entsteht ein wirtschaftlicher Vorteil.

Da ohnehin die Motoren und Teile des BHKW alle 3–5 Jahre ausgetauscht werden müssen, ist der personelle und organisatorische Mehraufwand für das Leasingmodell nicht so groß.

Hinzu kommt die Möglichkeit, Wartungs- und Versicherungsausgaben einzusparen, da diese Ausgaben bei den Leasingraten häufig enthalten sind.

Anhang: Kapitalwertberechnungen

Anlagenverzeichnis

Mod. Eigenbetr., Basis (Kap. 5.4.) ....Anlage 1.1

Mod. Eigenbetr., 7800 Betriebsstunden (Kap. 5.6.1.) ....Anlage 1.2

Mod. Eigenbetr., 7500 Betriebsstunden (Kap. 5.6.1.) ....Anlage 1.3

Mod. Eigenbetr., 7000 Betriebsstunden (Kap. 5.6.1.) ....Anlage 1.4

Mod. Eigenbetr., Preissteigerung Substrate 10 % (Kap. 5.6.2.) ....Anlage 1.5

Mod. Eigenbetr., Preissteigerung Substrate 15 % (Kap. 5.6.2.) ....Anlage 1.6

Mod. Eigenbetr., Preissteigerung Substrate 20 % (Kap. 5.6.2.) ....Anlage 1.7

Mod. Eigenbetr., Erhöhung Instandhaltung 30 % (Kap. 5.6.3.) ....Anlage 1.8

Mod. Eigenbetr., Erhöhung Instandhaltung 50 % (Kap. 5.6.3.) ....Anlage 1.9

Mod. Eigenbetr., Erhöhung Instandhaltung 100 % (Kap. 5.6.3.) ....Anlage 1.10

Mod. Eigenbetr., Einspeise-Vergütung –3 % (Kap. 5.6.5.) ....Anlage 1.11

Mod. Eigenbetr., Einspeise-Vergütung –5 % (Kap. 5.6.5.) ....Anlage 1.12

Mod. Eigenbetr., Einspeise-Vergütung –8 % (Kap. 5.6.5.) ....Anlage 1.13

Mod. Eigenbetr., Investition –10 %, 7000 Betriebsstunden (Kap. 5.6.6.).......Anlage 1.14

Mod. Eigenbetr., Gülle statt Wasser (Kap. 5.6.7.)...Anlage 1.15

Mod. Eigenbetr., Kalkulationszinssatz 8 % (Kap. 5.6.8.)................................Anlage 1.16

Mod. Eigenbetr., Kalkulationszinssatz 10 % (Kap. 5.6.8.)..............................Anlage 1.17

Mod. Pächter, Basis (Kap. 6.3./6.4.) ....Anlage 2.1

Mod. Pächter, Überschussbeteiligung 50 % (Kap. 6.5.1.)...............................Anlage 2.2

Mod. Pächter, Überschussbeteiligung 60 % (Kap. 6.5.1.)...............................Anlage 2.3

Mod. Pächter, Verdienst Betriebsführung 1,6 % (Kap. 6.5.2.).........................Anlage 2.4

Mod. Pächter, Verdienst Betriebsführung 2,6 % (Kap. 6.5.2.).........................Anlage 2.5

Mod. Fonds, Basis (Kap. 7.3./7.4.) ....Anlage 3.1

Mod. Fonds, Substrate –0,5 % (Kap. 7.5.1.)..Anlage 3.2

Mod. Fonds, Substrate –1 % (Kap. 7.5.1.)...Anlage 3.3

Mod. Fonds, Kalkulationszinssatz 9,5 % (Kap. 7.5.2.) ....Anlage 3.4

Mod. Fonds, 7500 Betriebsstunden, Kalkulationszinssatz 7 % (Kap. 7.5.3.)....Anlage 3.5

Mod. Fonds, 7500 Betriebsstunden, Kalkulationszinssatz 5 % (Kap. 7.5.3.)....Anlage 3.6

Mod. Fonds, Kabellänge + 2 km, Kalkulationszinssatz 9 % (Kap. 7.5.4.)........Anlage 3.7

Mod. Fonds, Kabellänge + 2 km, Kalkulationszinssatz 9,5 % (Kap. 7.5.4.).....Anlage 3.7

Anlage 1.1

Jahr	Inbetriebnahme	1	2	3	4	5	6	7	8	9	10
Wirtschaftsjahr	01	02	03	04	05	06	07	08	09	10	11
Strom- und Wärmevergütung	440.000 €	661.747 €	661.747 €	661.747 €	661.747 €	661.747 €	661.747 €	661.747 €	661.747 €	661.747 €	661.747 €
Substituiertes Heizöl Wohnhaus	1.200 €	1.218 €	1.236 €	1.255 €	1.274 €	1.293 €	1.312 €	1.332 €	1.352 €	1.372 €	1.393 €
Düngerersatzkostenwert	0 €	0 €	0 €	0 €	0 €	0 €	0 €	0 €	0 €	0 €	0 €
Einzahlungen	441.200 €	662.965 €	662.983 €	663.002 €	663.021 €	663.040 €	663.059 €	663.079 €	663.099 €	663.119 €	663.140 €
Wartung / Instand.*	8.600 €	8.729 €	8.860 €	8.993 €	9.128 €	9.265 €	9.404 €	9.545 €	9.688 €	9.833 €	9.981 €
Wartung / Instand. BHKW*	43.279 €	43.928 €	44.587 €	45.256 €	45.935 €	46.624 €	47.323 €	48.033 €	48.753 €	49.485 €	50.227 €
Haftpflichtversicherung*	10.000 €	10.150 €	10.302 €	10.457 €	10.614 €	10.773 €	10.934 €	11.098 €	11.265 €	11.434 €	11.605 €
Zündöl*	43.279 €	43.928 €	44.587 €	45.256 €	45.935 €	46.624 €	47.323 €	48.033 €	48.753 €	49.485 €	50.227 €
Ausbringungskosten*	18.876 €	19.159 €	19.447 €	19.738 €	20.034 €	20.335 €	20.640 €	20.949 €	21.264 €	21.583 €	21.906 €
Substrate*	256.180 €	260.023 €	263.923 €	267.882 €	271.900 €	275.979 €	280.118 €	284.320 €	288.585 €	292.914 €	297.307 €
Geschäftsführung*	12.000 €	12.180 €	12.363 €	12.548 €	12.736 €	12.927 €	13.121 €	13.318 €	13.518 €	13.721 €	13.926 €
Betriebsführung*	43.800 €	44.457 €	45.124 €	45.801 €	46.488 €	47.185 €	47.893 €	48.611 €	49.340 €	50.080 €	50.832 €
Steuerberatung*	2.000 €	2.030 €	2.060 €	2.091 €	2.123 €	2.155 €	2.187 €	2.220 €	2.253 €	2.287 €	2.321 €
Grundstückspacht*	5.000 €	5.075 €	5.151 €	5.228 €	5.307 €	5.386 €	5.467 €	5.549 €	5.632 €	5.717 €	5.803 €
Sonstiges*	5.000 €	5.075 €	5.151 €	5.228 €	5.307 €	5.386 €	5.467 €	5.549 €	5.632 €	5.717 €	5.803 €
Auszahlungen	448.014 €	454.734 €	461.555 €	468.479 €	475.506 €	482.638 €	489.878 €	497.226 €	504.684 €	512.255 €	519.939 €
Differenz Ein-/Auszahlungen	-6.814 €	208.231 €	201.428 €	194.523 €	187.515 €	180.401 €	173.181 €	165.853 €	158.414 €	150.864 €	143.201 €

Jahr	11	12	13	14	15	16	17	18	19	20	GESAMT
Wirtschaftsjahr	*12*	*13*	*14*	*15*	*16*	*17*	*18*	*19*	*20*	*21*	
Strom- und Wärmevergütung	661.747 €	661.747 €	661.747 €	661.747 €	661.747 €	661.747 €	661.747 €	661.747 €	661.747 €	661.747 €	13.674.940 €
Substituiertes Heizöl Wohnhaus	1.414 €	1.435 €	1.456 €	1.478 €	1.500 €	1.523 €	1.546 €	1.569 €	1.592 €	1.616 €	29.365 €
Düngerersatzkostenwert	0 €	0 €	0 €	0 €	0 €	0 €	0 €	0 €	0 €	0 €	0 €
Einzahlungen	663.161 €	663.182 €	663.203 €	663.225 €	663.247 €	663.270 €	663.293 €	663.316 €	663.339 €	663.363 €	13.704.305 €
Wartung / Instand. *	10.130 €	10.282 €	10.437 €	10.593 €	10.752 €	10.913 €	11.077 €	11.243 €	11.412 €	11.583 €	210.446 €
Wartung / Instand. BHKW*	50.980 €	51.745 €	52.521 €	53.309 €	54.109 €	54.920 €	55.744 €	56.580 €	57.429 €	58.291 €	1.059.060 €
Haftpflichtversicherung*	11.779 €	11.956 €	12.136 €	12.318 €	12.502 €	12.690 €	12.880 €	13.073 €	13.270 €	13.469 €	244.705 €
Zündöl*	50.980 €	51.745 €	52.521 €	53.309 €	54.109 €	54.920 €	55.744 €	56.580 €	57.429 €	58.291 €	1.059.060 €
Ausbringungskosten*	22.235 €	22.568 €	22.907 €	23.251 €	23.599 €	23.953 €	24.313 €	24.677 €	25.048 €	25.423 €	461.906 €
Substrate*	301.767 €	306.293 €	310.888 €	315.551 €	320.284 €	325.089 €	329.965 €	334.915 €	339.938 €	345.037 €	6.268.858 €
Geschäftsführung*	14.135 €	14.347 €	14.563 €	14.781 €	15.003 €	15.228 €	15.456 €	15.688 €	15.923 €	16.162 €	293.646 €
Betriebsführung*	51.594 €	52.368 €	53.154 €	53.951 €	54.760 €	55.582 €	56.415 €	57.262 €	58.120 €	58.992 €	1.071.809 €
Steuerberatung*	2.356 €	2.391 €	2.427 €	2.464 €	2.500 €	2.538 €	2.576 €	2.615 €	2.654 €	2.694 €	48.941 €
Grundstückspacht*	5.890 €	5.978 €	6.068 €	6.159 €	6.251 €	6.345 €	6.440 €	6.537 €	6.635 €	6.734 €	122.353 €
Sonstiges*	5.890 €	5.978 €	6.068 €	6.159 €	6.251 €	6.345 €	6.440 €	6.537 €	6.635 €	6.734 €	122.353 €
Auszahlungen	527.738 €	535.654 €	543.688 €	551.844 €	560.121 €	568.523 €	577.051 €	585.707 €	594.493 €	603.410 €	10.963.136 €
Differenz Ein-/Auszahlungen	135.423 €	127.528 €	119.515 €	111.381 €	103.126 €	94.746 €	86.241 €	77.609 €	68.847 €	59.953 €	2.741.168 €

Anschaffungsauszahlung	-1.285.000 €
Ein-/Aus zu 4,5%	1.843.402 €
Kapitalwert	558.402 €

* Steigerung mit 1,5% / Jahr

Zu Kapitel 5.4.

Anlage 1.2

Jahr	Inbetriebnahme	1	2	3	4	5	6	7	8	9	10
Wirtschaftsjahr	01	02	03	04	05	06	07	08	09	10	11
Strom- und Wärmevergütung	440.000 €	645.203 €	645.203 €	645.203 €	645.203 €	645.203 €	645.203 €	645.203 €	645.203 €	645.203 €	645.203 €
Substituiertes Heizöl Wohnhaus	1.200 €	1.218 €	1.236 €	1.255 €	1.274 €	1.293 €	1.312 €	1.332 €	1.352 €	1.372 €	1.393 €
Düngerersatzkostenwert	0 €	0 €	0 €	0 €	0 €	0 €	0 €	0 €	0 €	0 €	0 €
Einzahlungen	441.200 €	646.421 €	646.439 €	646.458 €	646.477 €	646.496 €	646.515 €	646.535 €	646.555 €	646.575 €	646.596 €
Wartung / Instand. *	8.600 €	8.729 €	8.860 €	8.993 €	9.128 €	9.265 €	9.404 €	9.545 €	9.688 €	9.833 €	9.981 €
Wartung / Instand. BHKW*	43.279 €	43.928 €	44.587 €	45.256 €	45.935 €	46.624 €	47.323 €	48.033 €	48.753 €	49.485 €	50.227 €
Haftpflichtversicherung*	10.000 €	10.150 €	10.302 €	10.457 €	10.614 €	10.773 €	10.934 €	11.098 €	11.265 €	11.434 €	11.605 €
Zündöl*	43.279 €	43.928 €	44.587 €	45.256 €	45.935 €	46.624 €	47.323 €	48.033 €	48.753 €	49.485 €	50.227 €
Ausbringungskosten*	18.876 €	19.159 €	19.447 €	19.738 €	20.034 €	20.335 €	20.640 €	20.949 €	21.264 €	21.583 €	21.906 €
Substrate*	256.180 €	260.023 €	263.923 €	267.882 €	271.900 €	275.979 €	280.118 €	284.320 €	288.585 €	292.914 €	297.307 €
Geschäftsführung*	12.000 €	12.180 €	12.363 €	12.548 €	12.736 €	12.927 €	13.121 €	13.318 €	13.518 €	13.721 €	13.926 €
Betriebsführung*	43.800 €	44.457 €	45.124 €	45.801 €	46.488 €	47.185 €	47.893 €	48.611 €	49.340 €	50.080 €	50.832 €
Steuerberatung*	2.000 €	2.030 €	2.060 €	2.091 €	2.123 €	2.155 €	2.187 €	2.220 €	2.253 €	2.287 €	2.321 €
Grundstückspacht*	5.000 €	5.075 €	5.151 €	5.228 €	5.307 €	5.386 €	5.467 €	5.549 €	5.632 €	5.717 €	5.803 €
Sonstiges*	5.000 €	5.075 €	5.151 €	5.228 €	5.307 €	5.386 €	5.467 €	5.549 €	5.632 €	5.717 €	5.803 €
Auszahlungen	448.014 €	454.734 €	461.555 €	468.479 €	475.506 €	482.638 €	489.878 €	497.226 €	504.684 €	512.255 €	519.939 €
Differenz Ein-/Auszahlungen	-6.814 €	191.687 €	184.884 €	177.979 €	170.971 €	163.857 €	156.637 €	149.309 €	141.870 €	134.320 €	126.657 €

Jahr	11	12	13	14	15	16	17	18	19	20	GESAMT
Wirtschaftsjahr	12	13	14	15	16	17	18	19	20	21	
Strom- und Wärmevergütung	645.203 €	645.203 €	645.203 €	645.203 €	645.203 €	645.203 €	645.203 €	645.203 €	645.203 €	645.203 €	13.344.060 €
Substituiertes Heizöl Wohnhaus	1.414 €	1.435 €	1.456 €	1.478 €	1.500 €	1.523 €	1.546 €	1.569 €	1.592 €	1.616 €	29.365 €
Düngerersatzkostenwert	0 €	0 €	0 €	0 €	0 €	0 €	0 €	0 €	0 €	0 €	0 €
Einzahlungen	646.617 €	646.638 €	646.659 €	646.681 €	646.703 €	646.726 €	646.749 €	646.772 €	646.795 €	646.819 €	13.373.425 €
Wartung / Instand. *	10.130 €	10.282 €	10.437 €	10.593 €	10.752 €	10.913 €	11.077 €	11.243 €	11.412 €	11.583 €	210.446 €
Wartung / Instand. BHKW*	50.980 €	51.745 €	52.521 €	53.309 €	54.109 €	54.920 €	55.744 €	56.580 €	57.429 €	58.291 €	1.059.060 €
Haftpflichtversicherung*	11.779 €	11.956 €	12.136 €	12.318 €	12.502 €	12.690 €	12.880 €	13.073 €	13.270 €	13.469 €	244.705 €
Zündöl*	50.980 €	51.745 €	52.521 €	53.309 €	54.109 €	54.920 €	55.744 €	56.580 €	57.429 €	58.291 €	1.059.060 €
Ausbringungskosten*	22.235 €	22.568 €	22.907 €	23.251 €	23.599 €	23.953 €	24.313 €	24.677 €	25.048 €	25.423 €	461.906 €
Substrate*	301.767 €	306.293 €	310.888 €	315.551 €	320.284 €	325.089 €	329.965 €	334.915 €	339.938 €	345.037 €	6.268.858 €
Geschäftsführung*	14.135 €	14.347 €	14.563 €	14.781 €	15.003 €	15.228 €	15.456 €	15.688 €	15.923 €	16.162 €	293.646 €
Betriebsführung*	51.594 €	52.368 €	53.154 €	53.951 €	54.760 €	55.582 €	56.415 €	57.262 €	58.120 €	58.992 €	1.071.809 €
Steuerberatung*	2.356 €	2.391 €	2.427 €	2.464 €	2.500 €	2.538 €	2.576 €	2.615 €	2.654 €	2.694 €	48.941 €
Grundstückspacht*	5.890 €	5.978 €	6.068 €	6.159 €	6.251 €	6.345 €	6.440 €	6.537 €	6.635 €	6.734 €	122.353 €
Sonstiges*	5.890 €	5.978 €	6.068 €	6.159 €	6.251 €	6.345 €	6.440 €	6.537 €	6.635 €	6.734 €	122.353 €
Auszahlungen	527.738 €	535.654 €	543.688 €	551.844 €	560.121 €	568.523 €	577.051 €	585.707 €	594.493 €	603.410 €	10.963.136 €
Differenz Ein-/Auszahlungen	118.879 €	110.984 €	102.971 €	94.837 €	86.582 €	78.202 €	69.697 €	61.065 €	52.303 €	43.409 €	2.410.288 €

Anschaffungsauszahlung	-1.285.000 €
Ein-/Aus zu 4,5 %	1.637.466 €
Kapitalwert	352.466 €

* Steigerung mit 1,5% / Jahr

Zu Kapitel 5.6.1.

Anlage 1.3

Jahr	Inbetriebnahme	1	2	3	4	5	6	7	8	9	10
Wirtschaftsjahr	01	02	03	04	05	06	07	08	09	10	11
Strom- und Wärmevergütung	440.000 €	620.387 €	620.387 €	620.387 €	620.387 €	620.387 €	620.387 €	620.387 €	620.387 €	620.387 €	620.387 €
Substituiertes Heizöl Wohnhaus	1.200 €	1.218 €	1.236 €	1.255 €	1.274 €	1.293 €	1.312 €	1.332 €	1.352 €	1.372 €	1.393 €
Düngerersatzkostenwert	0 €	0 €	0 €	0 €	0 €	0 €	0 €	0 €	0 €	0 €	0 €
Einzahlungen	441.200 €	621.605 €	621.623 €	621.642 €	621.661 €	621.680 €	621.699 €	621.719 €	621.739 €	621.759 €	621.780 €
Wartung / Instand. *	8.600 €	8.729 €	8.860 €	8.993 €	9.128 €	9.265 €	9.404 €	9.545 €	9.688 €	9.833 €	9.981 €
Wartung / Instand. BHKW*	43.279 €	43.928 €	44.587 €	45.256 €	45.935 €	46.624 €	47.323 €	48.033 €	48.753 €	49.485 €	50.227 €
Haftpflichtversicherung*	10.000 €	10.150 €	10.302 €	10.457 €	10.614 €	10.773 €	10.934 €	11.098 €	11.265 €	11.434 €	11.605 €
Zündöl*	43.279 €	43.928 €	44.587 €	45.256 €	45.935 €	46.624 €	47.323 €	48.033 €	48.753 €	49.485 €	50.227 €
Ausbringungskosten*	18.876 €	19.159 €	19.447 €	19.738 €	20.034 €	20.335 €	20.640 €	20.949 €	21.264 €	21.583 €	21.906 €
Substrate*	256.180 €	260.023 €	263.923 €	267.882 €	271.900 €	275.979 €	280.118 €	284.320 €	288.585 €	292.914 €	297.307 €
Geschäftsführung*	12.000 €	12.180 €	12.363 €	12.548 €	12.736 €	12.927 €	13.121 €	13.318 €	13.518 €	13.721 €	13.926 €
Betriebsführung*	43.800 €	44.457 €	45.124 €	45.801 €	46.488 €	47.185 €	47.893 €	48.611 €	49.340 €	50.080 €	50.832 €
Steuerberatung*	2.000 €	2.030 €	2.060 €	2.091 €	2.123 €	2.155 €	2.187 €	2.220 €	2.253 €	2.287 €	2.321 €
Grundstückspacht*	5.000 €	5.075 €	5.151 €	5.228 €	5.307 €	5.386 €	5.467 €	5.549 €	5.632 €	5.717 €	5.803 €
Sonstiges*	5.000 €	5.075 €	5.151 €	5.228 €	5.307 €	5.386 €	5.467 €	5.549 €	5.632 €	5.717 €	5.803 €
Auszahlungen	448.014 €	454.734 €	461.555 €	468.479 €	475.506 €	482.638 €	489.878 €	497.226 €	504.684 €	512.255 €	519.939 €
Differenz Ein-/Auszahlungen	-6.814 €	166.871 €	160.068 €	153.163 €	146.155 €	139.041 €	131.821 €	124.493 €	117.054 €	109.504 €	101.841 €

Jahr	11	12	13	14	15	16	17	18	19	20	GESAMT
Wirtschaftsjahr	12	13	14	15	16	17	18	19	20	21	
Strom- und Wärmevergütung	620.387 €	620.387 €	620.387 €	620.387 €	620.387 €	620.387 €	620.387 €	620.387 €	620.387 €	620.387 €	12.847.740 €
Substituiertes Heizöl Wohnhaus	1.414 €	1.435 €	1.456 €	1.478 €	1.500 €	1.523 €	1.546 €	1.569 €	1.592 €	1.616 €	29.365 €
Düngerersatzkostenwert	0 €	0 €	0 €	0 €	0 €	0 €	0 €	0 €	0 €	0 €	0 €
Einzahlungen	621.801 €	621.822 €	621.843 €	621.865 €	621.887 €	621.910 €	621.933 €	621.956 €	621.979 €	622.003 €	12.877.105 €
Wartung / Instand. *	10.130 €	10.282 €	10.437 €	10.593 €	10.752 €	10.913 €	11.077 €	11.243 €	11.412 €	11.583 €	210.446 €
Wartung / Instand. BHKW*	50.980 €	51.745 €	52.521 €	53.309 €	54.109 €	54.920 €	55.744 €	56.580 €	57.429 €	58.291 €	1.059.060 €
Haftpflichtversicherung*	11.779 €	11.956 €	12.136 €	12.318 €	12.502 €	12.690 €	12.880 €	13.073 €	13.270 €	13.469 €	244.705 €
Zündöl*	50.980 €	51.745 €	52.521 €	53.309 €	54.109 €	54.920 €	55.744 €	56.580 €	57.429 €	58.291 €	1.059.060 €
Ausbringungskosten*	22.235 €	22.568 €	22.907 €	23.251 €	23.599 €	23.953 €	24.313 €	24.677 €	25.048 €	25.423 €	461.906 €
Substrate*	301.767 €	306.293 €	310.888 €	315.551 €	320.284 €	325.089 €	329.965 €	334.915 €	339.938 €	345.037 €	6.268.858 €
Geschäftsführung*	14.135 €	14.347 €	14.563 €	14.781 €	15.003 €	15.228 €	15.456 €	15.688 €	15.923 €	16.162 €	293.646 €
Betriebsführung*	51.594 €	52.368 €	53.154 €	53.951 €	54.760 €	55.582 €	56.415 €	57.262 €	58.120 €	58.992 €	1.071.809 €
Steuerberatung*	2.356 €	2.391 €	2.427 €	2.464 €	2.500 €	2.538 €	2.576 €	2.615 €	2.654 €	2.694 €	48.941 €
Grundstückspacht*	5.890 €	5.978 €	6.068 €	6.159 €	6.251 €	6.345 €	6.440 €	6.537 €	6.635 €	6.734 €	122.353 €
Sonstiges*	5.890 €	5.978 €	6.068 €	6.159 €	6.251 €	6.345 €	6.440 €	6.537 €	6.635 €	6.734 €	122.353 €
Auszahlungen	527.738 €	535.654 €	543.688 €	551.844 €	560.121 €	568.523 €	577.051 €	585.707 €	594.493 €	603.410 €	10.963.136 €
Differenz Ein-/Auszahlungen	94.063 €	86.168 €	78.155 €	70.021 €	61.766 €	53.386 €	44.881 €	36.249 €	27.487 €	18.593 €	1.913.968 €

Anschaffungsauszahlung	-1.285.000 €
Ein-/Aus zu 4,5 %	1.328.561 €
Kapitalwert	43.561 €

* Steigerung mit 1,5% / Jahr

Zu Kapitel 5.6.1.

Anlage 1.4

Jahr	Inbetriebnahme	1	2	3	4	5	6	7	8	9	10
Wirtschaftsjahr	*01*	*02*	*03*	*04*	*05*	*06*	*07*	*08*	*09*	*10*	*11*
Strom- und Wärmevergütung	440.000 €	579.028 €	579.028 €	579.028 €	579.028 €	579.028 €	579.028 €	579.028 €	579.028 €	579.028 €	579.028 €
Substituiertes Heizöl Wohnhaus	1.200 €	1.218 €	1.236 €	1.255 €	1.274 €	1.293 €	1.312 €	1.332 €	1.352 €	1.372 €	1.393 €
Düngerersatzkostenwert	0 €	0 €	0 €	0 €	0 €	0 €	0 €	0 €	0 €	0 €	0 €
Einzahlungen	441.200 €	580.246 €	580.264 €	580.283 €	580.302 €	580.321 €	580.340 €	580.360 €	580.380 €	580.400 €	580.421 €
Wartung / Instand. *	8.600 €	8.729 €	8.860 €	8.993 €	9.128 €	9.265 €	9.404 €	9.545 €	9.688 €	9.833 €	9.981 €
Wartung / Instand. BHKW*	43.279 €	43.928 €	44.587 €	45.256 €	45.935 €	46.624 €	47.323 €	48.033 €	48.753 €	49.485 €	50.227 €
Haftpflichtversicherung*	10.000 €	10.150 €	10.302 €	10.457 €	10.614 €	10.773 €	10.934 €	11.098 €	11.265 €	11.434 €	11.605 €
Zündöl*	43.279 €	43.928 €	44.587 €	45.256 €	45.935 €	46.624 €	47.323 €	48.033 €	48.753 €	49.485 €	50.227 €
Ausbringungskosten*	18.876 €	19.159 €	19.447 €	19.738 €	20.034 €	20.335 €	20.640 €	20.949 €	21.264 €	21.583 €	21.906 €
Substrate*	256.180 €	260.023 €	263.923 €	267.882 €	271.900 €	275.979 €	280.118 €	284.320 €	288.585 €	292.914 €	297.307 €
Geschäftsführung*	12.000 €	12.180 €	12.363 €	12.548 €	12.736 €	12.927 €	13.121 €	13.318 €	13.518 €	13.721 €	13.926 €
Betriebsführung*	43.800 €	44.457 €	45.124 €	45.801 €	46.488 €	47.185 €	47.893 €	48.611 €	49.340 €	50.080 €	50.832 €
Steuerberatung*	2.000 €	2.030 €	2.060 €	2.091 €	2.123 €	2.155 €	2.187 €	2.220 €	2.253 €	2.287 €	2.321 €
Grundstückspacht*	5.000 €	5.075 €	5.151 €	5.228 €	5.307 €	5.386 €	5.467 €	5.549 €	5.632 €	5.717 €	5.803 €
Sonstiges*	5.000 €	5.075 €	5.151 €	5.228 €	5.307 €	5.386 €	5.467 €	5.549 €	5.632 €	5.717 €	5.803 €
Auszahlungen	448.014 €	454.734 €	461.555 €	468.479 €	475.506 €	482.638 €	489.878 €	497.226 €	504.684 €	512.255 €	519.939 €
Differenz Ein-/Auszahlungen	**-6.814 €**	**125.512 €**	**118.709 €**	**111.804 €**	**104.796 €**	**97.682 €**	**90.462 €**	**83.134 €**	**75.695 €**	**68.145 €**	**60.482 €**

Jahr	11	12	13	14	15	16	17	18	19	20	GESAMT
Wirtschaftsjahr	12	13	14	15	16	17	18	19	20	21	
Strom- und Wärmevergütung	579.028 €	579.028 €	579.028 €	579.028 €	579.028 €	579.028 €	579.028 €	579.028 €	579.028 €	579.028 €	12.020.560 €
Substituiertes Heizöl Wohnhaus	1.414 €	1.435 €	1.456 €	1.478 €	1.500 €	1.523 €	1.546 €	1.569 €	1.592 €	1.616 €	29.365 €
Düngerersatzkostenwert	0 €	0 €	0 €	0 €	0 €	0 €	0 €	0 €	0 €	0 €	0 €
Einzahlungen	580.442 €	580.463 €	580.484 €	580.506 €	580.528 €	580.551 €	580.574 €	580.597 €	580.620 €	580.644 €	12.049.925 €
Wartung / Instand. *	10.130 €	10.282 €	10.437 €	10.593 €	10.752 €	10.913 €	11.077 €	11.243 €	11.412 €	11.583 €	210.446 €
Wartung / Instand. BHKW*	50.980 €	51.745 €	52.521 €	53.309 €	54.109 €	54.920 €	55.744 €	56.580 €	57.429 €	58.291 €	1.059.060 €
Haftpflichtversicherung*	11.779 €	11.956 €	12.136 €	12.318 €	12.502 €	12.690 €	12.880 €	13.073 €	13.270 €	13.469 €	244.705 €
Zündöl*	50.980 €	51.745 €	52.521 €	53.309 €	54.109 €	54.920 €	55.744 €	56.580 €	57.429 €	58.291 €	1.059.060 €
Ausbringungskosten*	22.235 €	22.568 €	22.907 €	23.251 €	23.599 €	23.953 €	24.313 €	24.677 €	25.048 €	25.423 €	461.906 €
Substrate*	301.767 €	306.293 €	310.888 €	315.551 €	320.284 €	325.089 €	329.965 €	334.915 €	339.938 €	345.037 €	6.268.858 €
Geschäftsführung*	14.135 €	14.347 €	14.563 €	14.781 €	15.003 €	15.228 €	15.456 €	15.688 €	15.923 €	16.162 €	293.646 €
Betriebsführung*	51.594 €	52.368 €	53.154 €	53.951 €	54.760 €	55.582 €	56.415 €	57.262 €	58.120 €	58.992 €	1.071.809 €
Steuerberatung*	2.356 €	2.391 €	2.427 €	2.464 €	2.500 €	2.538 €	2.576 €	2.615 €	2.654 €	2.694 €	48.941 €
Grundstückspacht*	5.890 €	5.978 €	6.068 €	6.159 €	6.251 €	6.345 €	6.440 €	6.537 €	6.635 €	6.734 €	122.353 €
Sonstiges*	5.890 €	5.978 €	6.068 €	6.159 €	6.251 €	6.345 €	6.440 €	6.537 €	6.635 €	6.734 €	122.353 €
Auszahlungen	527.738 €	535.654 €	543.688 €	551.844 €	560.121 €	568.523 €	577.051 €	585.707 €	594.493 €	603.410 €	10.963.136 €
Differenz Ein-/Auszahlungen	52.704 €	44.809 €	36.796 €	28.662 €	20.407 €	12.027 €	3.522 €	-5.110 €	-13.872 €	-22.766 €	1.086.788 €

Anschaffungsauszahlung	-1.285.000 €
Ein-/Aus zu 4,5 %	813.733 €
Kapitalwert	-471.267 €

* Steigerung mit 1,5% / Jahr

Zu Kapitel 5.6.1.

Anlage 1.5

Jahr	Inbetriebnahme	1	2	3	4	5	6	7	8	9	10
Wirtschaftsjahr	01	02	03	04	05	06	07	08	09	10	11
Strom- und Wärmevergütung	440.000 €	661.747 €	661.747 €	661.747 €	661.747 €	661.747 €	661.747 €	661.747 €	661.747 €	661.747 €	661.747 €
Substituiertes Heizöl Wohnhaus	1.200 €	1.218 €	1.236 €	1.255 €	1.274 €	1.293 €	1.312 €	1.332 €	1.352 €	1.372 €	1.393 €
Düngerersatzkostenwert	0 €	0 €	0 €	0 €	0 €	0 €	0 €	0 €	0 €	0 €	0 €
Einzahlungen	441.200 €	662.965 €	662.983 €	663.002 €	663.021 €	663.040 €	663.059 €	663.079 €	663.099 €	663.119 €	663.140 €
Wartung / Instand. *	8.600 €	8.729 €	8.860 €	8.993 €	9.128 €	9.265 €	9.404 €	9.545 €	9.688 €	9.833 €	9.981 €
Wartung / Instand. BHKW*	43.279 €	43.928 €	44.587 €	45.256 €	45.935 €	46.624 €	47.323 €	48.033 €	48.753 €	49.485 €	50.227 €
Haftpflichtversicherung*	10.000 €	10.150 €	10.302 €	10.457 €	10.614 €	10.773 €	10.934 €	11.098 €	11.265 €	11.434 €	11.605 €
Zündöl*	43.279 €	43.928 €	44.587 €	45.256 €	45.935 €	46.624 €	47.323 €	48.033 €	48.753 €	49.485 €	50.227 €
Ausbringungskosten*	18.876 €	19.159 €	19.447 €	19.738 €	20.034 €	20.335 €	20.640 €	20.949 €	21.264 €	21.583 €	21.906 €
Substrate*	256.180 €	281.798 €	286.025 €	290.315 €	294.670 €	299.090 €	303.576 €	308.130 €	312.752 €	317.443 €	322.205 €
Geschäftsführung*	12.000 €	12.180 €	12.363 €	12.548 €	12.736 €	12.927 €	13.121 €	13.318 €	13.518 €	13.721 €	13.926 €
Betriebsführung*	43.800 €	44.457 €	45.124 €	45.801 €	46.488 €	47.185 €	47.893 €	48.611 €	49.340 €	50.080 €	50.832 €
Steuerberatung*	2.000 €	2.030 €	2.060 €	2.091 €	2.123 €	2.155 €	2.187 €	2.220 €	2.253 €	2.287 €	2.321 €
Grundstückspacht*	5.000 €	5.075 €	5.151 €	5.228 €	5.307 €	5.386 €	5.467 €	5.549 €	5.632 €	5.717 €	5.803 €
Sonstiges*	5.000 €	5.075 €	5.151 €	5.228 €	5.307 €	5.386 €	5.467 €	5.549 €	5.632 €	5.717 €	5.803 €
Auszahlungen	448.014 €	476.510 €	483.657 €	490.912 €	498.276 €	505.750 €	513.336 €	521.036 €	528.852 €	536.784 €	544.836 €
Differenz Ein-/Auszahlungen	-6.814 €	186.455 €	179.326 €	172.090 €	164.745 €	157.290 €	149.723 €	142.043 €	134.247 €	126.335 €	118.303 €

Jahr	11	12	13	14	15	16	17	18	19	20	GESAMT
Wirtschaftsjahr	12	13	14	15	16	17	18	19	20	21	
Strom- und Wärmevergütung	661.747 €	661.747 €	661.747 €	661.747 €	661.747 €	661.747 €	661.747 €	661.747 €	661.747 €	661.747 €	13.674.940 €
Substituiertes Heizöl Wohnhaus	1.414 €	1.435 €	1.456 €	1.478 €	1.500 €	1.523 €	1.546 €	1.569 €	1.592 €	1.616 €	29.365 €
Düngerersatzkostenwert	0 €	0 €	0 €	0 €	0 €	0 €	0 €	0 €	0 €	0 €	0 €
Einzahlungen	663.161 €	663.182 €	663.203 €	663.225 €	663.247 €	663.270 €	663.293 €	663.316 €	663.339 €	663.363 €	13.704.305 €
Wartung / Instand. *	10.130 €	10.282 €	10.437 €	10.593 €	10.752 €	10.913 €	11.077 €	11.243 €	11.412 €	11.583 €	210.446 €
Wartung / Instand. BHKW*	50.980 €	51.745 €	52.521 €	53.309 €	54.109 €	54.920 €	55.744 €	56.580 €	57.429 €	58.291 €	1.059.060 €
Haftpflichtversicherung*	11.779 €	11.956 €	12.136 €	12.318 €	12.502 €	12.690 €	12.880 €	13.073 €	13.270 €	13.469 €	244.705 €
Zündöl*	50.980 €	51.745 €	52.521 €	53.309 €	54.109 €	54.920 €	55.744 €	56.580 €	57.429 €	58.291 €	1.059.060 €
Ausbringungskosten*	22.235 €	22.568 €	22.907 €	23.251 €	23.599 €	23.953 €	24.313 €	24.677 €	25.048 €	25.423 €	461.906 €
Substrate*	327.038 €	331.944 €	336.923 €	341.977 €	347.106 €	352.313 €	357.598 €	362.962 €	368.406 €	373.932 €	6.772.383 €
Geschäftsführung*	14.135 €	14.347 €	14.563 €	14.781 €	15.003 €	15.228 €	15.456 €	15.688 €	15.923 €	16.162 €	293.646 €
Betriebsführung*	51.594 €	52.368 €	53.154 €	53.951 €	54.760 €	55.582 €	56.415 €	57.262 €	58.120 €	58.992 €	1.071.809 €
Steuerberatung*	2.356 €	2.391 €	2.427 €	2.464 €	2.500 €	2.538 €	2.576 €	2.615 €	2.654 €	2.694 €	48.941 €
Grundstückspacht*	5.890 €	5.978 €	6.068 €	6.159 €	6.251 €	6.345 €	6.440 €	6.537 €	6.635 €	6.734 €	122.353 €
Sonstiges*	5.890 €	5.978 €	6.068 €	6.159 €	6.251 €	6.345 €	6.440 €	6.537 €	6.635 €	6.734 €	122.353 €
Auszahlungen	553.009 €	561.304 €	569.723 €	578.269 €	586.943 €	595.747 €	604.684 €	613.754 €	622.960 €	632.305 €	11.466.661 €
Differenz Ein-/Auszahlungen	110.152 €	101.878 €	93.480 €	84.956 €	76.304 €	67.522 €	58.609 €	49.562 €	40.379 €	31.059 €	2.237.643 €

Anschaffungsauszahlung	-1.285.000 €
Ein-/Aus zu 4,5%	1.536.717 €
Kapitalwert	251.717 €

* Steigerung mit 1,5% / Jahr

Zu Kapitel 5.6.2.

Anlage 1.6

Jahr	Inbetriebnahme	1	2	3	4	5	6	7	8	9	10
Wirtschaftsjahr	*01*	*02*	*03*	*04*	*05*	*06*	*07*	*08*	*09*	*10*	*11*
Strom- und Wärmevergütung	440.000 €	661.747 €	661.747 €	661.747 €	661.747 €	661.747 €	661.747 €	661.747 €	661.747 €	661.747 €	661.747 €
Substituiertes Heizöl Wohnhaus	1.200 €	1.218 €	1.236 €	1.255 €	1.274 €	1.293 €	1.312 €	1.332 €	1.352 €	1.372 €	1.393 €
Düngerersatzkostenwert	0 €	0 €	0 €	0 €	0 €	0 €	0 €	0 €	0 €	0 €	0 €
Einzahlungen	441.200 €	662.965 €	662.983 €	663.002 €	663.021 €	663.040 €	663.059 €	663.079 €	663.099 €	663.119 €	663.140 €
Wartung / Instand. *	8.600 €	8.729 €	8.860 €	8.993 €	9.128 €	9.265 €	9.404 €	9.545 €	9.688 €	9.833 €	9.981 €
Wartung / Instand. BHKW*	43.279 €	43.928 €	44.587 €	45.256 €	45.935 €	46.624 €	47.323 €	48.033 €	48.753 €	49.485 €	50.227 €
Haftpflichtversicherung*	10.000 €	10.150 €	10.302 €	10.457 €	10.614 €	10.773 €	10.934 €	11.098 €	11.265 €	11.434 €	11.605 €
Zündöl*	43.279 €	43.928 €	44.587 €	45.256 €	45.935 €	46.624 €	47.323 €	48.033 €	48.753 €	49.485 €	50.227 €
Ausbringungskosten*	18.876 €	19.159 €	19.447 €	19.738 €	20.034 €	20.335 €	20.640 €	20.949 €	21.264 €	21.583 €	21.906 €
Substrate*	256.180 €	294.607 €	299.026 €	303.511 €	308.064 €	312.685 €	317.375 €	322.136 €	326.968 €	331.873 €	336.851 €
Geschäftsführung*	12.000 €	12.180 €	12.363 €	12.548 €	12.736 €	12.927 €	13.121 €	13.318 €	13.518 €	13.721 €	13.926 €
Betriebsführung*	43.800 €	44.457 €	45.124 €	45.801 €	46.488 €	47.185 €	47.893 €	48.611 €	49.340 €	50.080 €	50.832 €
Steuerberatung*	2.000 €	2.030 €	2.060 €	2.091 €	2.123 €	2.155 €	2.187 €	2.220 €	2.253 €	2.287 €	2.321 €
Grundstückspacht*	5.000 €	5.075 €	5.151 €	5.228 €	5.307 €	5.386 €	5.467 €	5.549 €	5.632 €	5.717 €	5.803 €
Sonstiges*	5.000 €	5.075 €	5.151 €	5.228 €	5.307 €	5.386 €	5.467 €	5.549 €	5.632 €	5.717 €	5.803 €
Auszahlungen	448.014 €	489.319 €	496.658 €	504.108 €	511.670 €	519.345 €	527.135 €	535.042 €	543.068 €	551.214 €	559.482 €
Differenz Ein-/Auszahlungen	-6.814 €	173.646 €	166.325 €	158.894 €	151.351 €	143.695 €	135.924 €	128.037 €	120.031 €	111.905 €	103.658 €

Jahr	11	12	13	14	15	16	17	18	19	20	GESAMT
Wirtschaftsjahr	*12*	*13*	*14*	*15*	*16*	*17*	*18*	*19*	*20*	*21*	
Strom- und Wärmevergütung	661.747 €	661.747 €	661.747 €	661.747 €	661.747 €	661.747 €	661.747 €	661.747 €	661.747 €	661.747 €	13.674.940 €
Substituiertes Heizöl Wohnhaus	1.414 €	1.435 €	1.456 €	1.478 €	1.500 €	1.523 €	1.546 €	1.569 €	1.592 €	1.616 €	29.365 €
Düngerersatzkostenwert	0 €	0 €	0 €	0 €	0 €	0 €	0 €	0 €	0 €	0 €	0 €
Einzahlungen	663.161 €	663.182 €	663.203 €	663.225 €	663.247 €	663.270 €	663.293 €	663.316 €	663.339 €	663.363 €	13.704.305 €
Wartung / Instand. *	10.130 €	10.282 €	10.437 €	10.593 €	10.752 €	10.913 €	11.077 €	11.243 €	11.412 €	11.583 €	210.446 €
Wartung / Instand. BHKW*	50.980 €	51.745 €	52.521 €	53.309 €	54.109 €	54.920 €	55.744 €	56.580 €	57.429 €	58.291 €	1.059.060 €
Haftpflichtversicherung*	11.779 €	11.956 €	12.136 €	12.318 €	12.502 €	12.690 €	12.880 €	13.073 €	13.270 €	13.469 €	244.705 €
Zündöl*	50.980 €	51.745 €	52.521 €	53.309 €	54.109 €	54.920 €	55.744 €	56.580 €	57.429 €	58.291 €	1.059.060 €
Ausbringungskosten*	22.235 €	22.568 €	22.907 €	23.251 €	23.599 €	23.953 €	24.313 €	24.677 €	25.048 €	25.423 €	461.906 €
Substrate*	341.903 €	347.032 €	352.237 €	357.521 €	362.884 €	368.327 €	373.852 €	379.460 €	385.152 €	390.929 €	7.068.574 €
Geschäftsführung*	14.135 €	14.347 €	14.563 €	14.781 €	15.003 €	15.228 €	15.456 €	15.688 €	15.923 €	16.162 €	293.646 €
Betriebsführung*	51.594 €	52.368 €	53.154 €	53.951 €	54.760 €	55.582 €	56.415 €	57.262 €	58.120 €	58.992 €	1.071.809 €
Steuerberatung*	2.356 €	2.391 €	2.427 €	2.464 €	2.500 €	2.538 €	2.576 €	2.615 €	2.654 €	2.694 €	48.941 €
Grundstückspacht*	5.890 €	5.978 €	6.068 €	6.159 €	6.251 €	6.345 €	6.440 €	6.537 €	6.635 €	6.734 €	122.353 €
Sonstiges*	5.890 €	5.978 €	6.068 €	6.159 €	6.251 €	6.345 €	6.440 €	6.537 €	6.635 €	6.734 €	122.353 €
Auszahlungen	567.874 €	576.392 €	585.038 €	593.814 €	602.721 €	611.762 €	620.938 €	630.252 €	639.706 €	649.302 €	11.762.852 €
Differenz Ein-/Auszahlungen	95.286 €	86.790 €	78.165 €	69.411 €	60.526 €	51.508 €	42.355 €	33.064 €	23.633 €	14.062 €	1.941.452 €

Anschaffungsauszahlung	-1.285.000 €
Ein-/Aus zu 4,5%	1.356.314 €
Kapitalwert	71.314 €

* Steigerung mit 1,5% / Jahr

Zu Kapitel 5.6.2.

Anlage 1.7

Jahr	Inbetriebnahme	1	2	3	4	5	6	7	8	9	10
Wirtschaftsjahr	01	02	03	04	05	06	07	08	09	10	11
Strom- und Wärmevergütung	440.000 €	661.747 €	661.747 €	661.747 €	661.747 €	661.747 €	661.747 €	661.747 €	661.747 €	661.747 €	661.747 €
Substituiertes Heizöl Wohnhaus	1.200 €	1.218 €	1.236 €	1.255 €	1.274 €	1.293 €	1.312 €	1.332 €	1.352 €	1.372 €	1.393 €
Düngerersatzkostenwert	0 €	0 €	0 €	0 €	0 €	0 €	0 €	0 €	0 €	0 €	0 €
Einzahlungen	441.200 €	662.965 €	662.983 €	663.002 €	663.021 €	663.040 €	663.059 €	663.079 €	663.099 €	663.119 €	663.140 €
Wartung / Instand. *	8.600 €	8.729 €	8.860 €	8.993 €	9.128 €	9.265 €	9.404 €	9.545 €	9.688 €	9.833 €	9.981 €
Wartung / Instand. BHKW*	43.279 €	43.928 €	44.587 €	45.256 €	45.935 €	46.624 €	47.323 €	48.033 €	48.753 €	49.485 €	50.227 €
Haftpflichtversicherung*	10.000 €	10.150 €	10.302 €	10.457 €	10.614 €	10.773 €	10.934 €	11.098 €	11.265 €	11.434 €	11.605 €
Zündöl*	43.279 €	43.928 €	44.587 €	45.256 €	45.935 €	46.624 €	47.323 €	48.033 €	48.753 €	49.485 €	50.227 €
Ausbringungskosten*	18.876 €	19.159 €	19.447 €	19.738 €	20.034 €	20.335 €	20.640 €	20.949 €	21.264 €	21.583 €	21.906 €
Substrate*	256.180 €	307.416 €	312.027 €	316.708 €	321.458 €	326.280 €	331.174 €	336.142 €	341.184 €	346.302 €	351.496 €
Geschäftsführung*	12.000 €	12.180 €	12.363 €	12.548 €	12.736 €	12.927 €	13.121 €	13.318 €	13.518 €	13.721 €	13.926 €
Betriebsführung*	43.800 €	44.457 €	45.124 €	45.801 €	46.488 €	47.185 €	47.893 €	48.611 €	49.340 €	50.080 €	50.832 €
Steuerberatung*	2.000 €	2.030 €	2.060 €	2.091 €	2.123 €	2.155 €	2.187 €	2.220 €	2.253 €	2.287 €	2.321 €
Grundstückspacht*	5.000 €	5.075 €	5.151 €	5.228 €	5.307 €	5.386 €	5.467 €	5.549 €	5.632 €	5.717 €	5.803 €
Sonstiges*	5.000 €	5.075 €	5.151 €	5.228 €	5.307 €	5.386 €	5.467 €	5.549 €	5.632 €	5.717 €	5.803 €
Auszahlungen	448.014 €	502.128 €	509.659 €	517.304 €	525.064 €	532.940 €	540.934 €	549.048 €	557.284 €	565.643 €	574.128 €
Differenz Ein-/Auszahlungen	-6.814 €	160.837 €	153.324 €	145.698 €	137.957 €	130.100 €	122.125 €	114.031 €	105.815 €	97.476 €	89.012 €

Jahr	11	12	13	14	15	16	17	18	19	20	GESAMT
Wirtschaftsjahr	*12*	*13*	*14*	*15*	*16*	*17*	*18*	*19*	*20*	*21*	
Strom- und Wärmevergütung	661.747 €	661.747 €	661.747 €	661.747 €	661.747 €	661.747 €	661.747 €	661.747 €	661.747 €	661.747 €	13.674.940 €
Substituiertes Heizöl Wohnhaus	1.414 €	1.435 €	1.456 €	1.478 €	1.500 €	1.523 €	1.546 €	1.569 €	1.592 €	1.616 €	29.365 €
Düngerersatzkostenwert	0 €	0 €	0 €	0 €	0 €	0 €	0 €	0 €	0 €	0 €	0 €
Einzahlungen	663.161 €	663.182 €	663.203 €	663.225 €	663.247 €	663.270 €	663.293 €	663.316 €	663.339 €	663.363 €	13.704.305 €
Wartung / Instand. *	10.130 €	10.282 €	10.437 €	10.593 €	10.752 €	10.913 €	11.077 €	11.243 €	11.412 €	11.583 €	210.446 €
Wartung / Instand. BHKW*	50.980 €	51.745 €	52.521 €	53.309 €	54.109 €	54.920 €	55.744 €	56.580 €	57.429 €	58.291 €	1.059.060 €
Haftpflichtversicherung*	11.779 €	11.956 €	12.136 €	12.318 €	12.502 €	12.690 €	12.880 €	13.073 €	13.270 €	13.469 €	244.705 €
Zündöl*	50.980 €	51.745 €	52.521 €	53.309 €	54.109 €	54.920 €	55.744 €	56.580 €	57.429 €	58.291 €	1.059.060 €
Ausbringungskosten*	22.235 €	22.568 €	22.907 €	23.251 €	23.599 €	23.953 €	24.313 €	24.677 €	25.048 €	25.423 €	461.906 €
Substrate*	356.769 €	362.120 €	367.552 €	373.065 €	378.661 €	384.341 €	390.106 €	395.958 €	401.897 €	407.926 €	7.364.765 €
Geschäftsführung*	14.135 €	14.347 €	14.563 €	14.781 €	15.003 €	15.228 €	15.456 €	15.688 €	15.923 €	16.162 €	293.646 €
Betriebsführung*	51.594 €	52.368 €	53.154 €	53.951 €	54.760 €	55.582 €	56.415 €	57.262 €	58.120 €	58.992 €	1.071.809 €
Steuerberatung*	2.356 €	2.391 €	2.427 €	2.464 €	2.500 €	2.538 €	2.576 €	2.615 €	2.654 €	2.694 €	48.941 €
Grundstückspacht*	5.890 €	5.978 €	6.068 €	6.159 €	6.251 €	6.345 €	6.440 €	6.537 €	6.635 €	6.734 €	122.353 €
Sonstiges*	5.890 €	5.978 €	6.068 €	6.159 €	6.251 €	6.345 €	6.440 €	6.537 €	6.635 €	6.734 €	122.353 €
Auszahlungen	582.739 €	591.481 €	600.353 €	609.358 €	618.498 €	627.776 €	637.193 €	646.750 €	656.452 €	666.298 €	12.059.043 €
Differenz Ein-/Auszahlungen	80.421 €	71.701 €	62.850 €	53.867 €	44.749 €	35.494 €	26.100 €	16.565 €	6.888 €	-2.935 €	1.645.261 €

Anschaffungsauszahlung	-1.285.000 €
Ein-/Aus zu 4,5%	1.175.910 €
Kapitalwert	-109.090 €

* Steigerung mit 1,5% / Jahr

Zu Kapitel 5.6.2.

Anlage 1.8

Jahr	Inbetriebnahme	1	2	3	4	5	6	7	8	9	10
Wirtschaftsjahr	01	02	03	04	05	06	07	08	09	10	11
Einzahlungen											
Strom- und Wärmevergütung	440.000 €	661.747 €	661.747 €	661.747 €	661.747 €	661.747 €	661.747 €	661.747 €	661.747 €	661.747 €	661.747 €
Substituiertes Heizöl Wohnhaus	1.200 €	1.218 €	1.236 €	1.255 €	1.274 €	1.293 €	1.312 €	1.332 €	1.352 €	1.372 €	1.393 €
Düngerersatzkostenwert	0 €	0 €	0 €	0 €	0 €	0 €	0 €	0 €	0 €	0 €	0 €
Einzahlungen	441.200 €	662.965 €	662.983 €	663.002 €	663.021 €	663.040 €	663.059 €	663.079 €	663.099 €	663.119 €	663.140 €
Auszahlungen											
Wartung / Instand. *	8.600 €	8.729 €	8.860 €	8.993 €	9.128 €	9.265 €	9.404 €	9.545 €	9.688 €	9.833 €	9.981 €
Wartung / Instand. BHKW*	43.279 €	56.262 €	57.105 €	57.962 €	58.831 €	59.714 €	60.610 €	61.519 €	62.442 €	63.378 €	64.329 €
Haftpflichtversicherung*	10.000 €	10.150 €	10.302 €	10.457 €	10.614 €	10.773 €	10.934 €	11.098 €	11.265 €	11.434 €	11.605 €
Zündöl*	43.279 €	43.928 €	44.587 €	45.256 €	45.935 €	46.624 €	47.323 €	48.033 €	48.753 €	49.485 €	50.227 €
Ausbringungskosten*	18.876 €	19.159 €	19.447 €	19.738 €	20.034 €	20.335 €	20.640 €	20.949 €	21.264 €	21.583 €	21.906 €
Substrate*	256.180 €	260.023 €	263.923 €	267.882 €	271.900 €	275.979 €	280.118 €	284.320 €	288.585 €	292.914 €	297.307 €
Geschäftsführung*	12.000 €	12.180 €	12.363 €	12.548 €	12.736 €	12.927 €	13.121 €	13.318 €	13.518 €	13.721 €	13.926 €
Betriebsführung*	43.800 €	44.457 €	45.124 €	45.801 €	46.488 €	47.185 €	47.893 €	48.611 €	49.340 €	50.080 €	50.832 €
Steuerberatung*	2.000 €	2.030 €	2.060 €	2.091 €	2.123 €	2.155 €	2.187 €	2.220 €	2.253 €	2.287 €	2.321 €
Grundstückspacht*	5.000 €	5.075 €	5.151 €	5.228 €	5.307 €	5.386 €	5.467 €	5.549 €	5.632 €	5.717 €	5.803 €
Sonstiges*	5.000 €	5.075 €	5.151 €	5.228 €	5.307 €	5.386 €	5.467 €	5.549 €	5.632 €	5.717 €	5.803 €
Auszahlungen	448.014 €	467.068 €	474.073 €	481.184 €	488.403 €	495.729 €	503.164 €	510.711 €	518.372 €	526.149 €	534.040 €
Differenz Ein-/Auszahlungen	-6.814 €	195.897 €	188.909 €	181.817 €	174.618 €	167.311 €	159.894 €	152.366 €	144.726 €	136.970 €	129.099 €

Jahr	11	12	13	14	15	16	17	18	19	20	GESAMT
Wirtschaftsjahr	*12*	*13*	*14*	*15*	*16*	*17*	*18*	*19*	*20*	*21*	
Strom- und Wärmevergütung	661.747 €	661.747 €	661.747 €	661.747 €	661.747 €	661.747 €	661.747 €	661.747 €	661.747 €	661.747 €	13.674.940 €
Substituiertes Heizöl Wohnhaus	1.414 €	1.435 €	1.456 €	1.478 €	1.500 €	1.523 €	1.546 €	1.569 €	1.592 €	1.616 €	29.365 €
Düngerersatzkostenwert	0 €	0 €	0 €	0 €	0 €	0 €	0 €	0 €	0 €	0 €	0 €
Einzahlungen	663.161 €	663.182 €	663.203 €	663.225 €	663.247 €	663.270 €	663.293 €	663.316 €	663.339 €	663.363 €	13.704.305 €
Wartung / Instand. *	10.130 €	10.282 €	10.437 €	10.593 €	10.752 €	10.913 €	11.077 €	11.243 €	11.412 €	11.583 €	210.446 €
Wartung / Instand. BHKW*	65.294 €	66.273 €	67.267 €	68.276 €	69.301 €	70.340 €	71.395 €	72.466 €	73.553 €	74.656 €	1.344.262 €
Haftpflichtversicherung*	11.779 €	11.956 €	12.136 €	12.318 €	12.502 €	12.690 €	12.880 €	13.073 €	13.270 €	13.469 €	244.705 €
Zündöl*	50.980 €	51.745 €	52.521 €	53.309 €	54.109 €	54.920 €	55.744 €	56.580 €	57.429 €	58.291 €	1.059.060 €
Ausbringungskosten*	22.235 €	22.568 €	22.907 €	23.251 €	23.599 €	23.953 €	24.313 €	24.677 €	25.048 €	25.423 €	461.906 €
Substrate*	301.767 €	306.293 €	310.888 €	315.551 €	320.284 €	325.089 €	329.965 €	334.915 €	339.938 €	345.037 €	6.268.858 €
Geschäftsführung*	14.135 €	14.347 €	14.563 €	14.781 €	15.003 €	15.228 €	15.456 €	15.688 €	15.923 €	16.162 €	293.646 €
Betriebsführung*	51.594 €	52.368 €	53.154 €	53.951 €	54.760 €	55.582 €	56.415 €	57.262 €	58.120 €	58.992 €	1.071.809 €
Steuerberatung*	2.356 €	2.391 €	2.427 €	2.464 €	2.500 €	2.538 €	2.576 €	2.615 €	2.654 €	2.694 €	48.941 €
Grundstückspacht*	5.890 €	5.978 €	6.068 €	6.159 €	6.251 €	6.345 €	6.440 €	6.537 €	6.635 €	6.734 €	122.353 €
Sonstiges*	5.890 €	5.978 €	6.068 €	6.159 €	6.251 €	6.345 €	6.440 €	6.537 €	6.635 €	6.734 €	122.353 €
Auszahlungen	542.050 €	550.179 €	558.436 €	566.812 €	575.312 €	583.943 €	592.701 €	601.593 €	610.617 €	619.775 €	11.248.339 €
Differenz Ein-/Auszahlungen	121.109 €	112.999 €	104.768 €	96.414 €	87.934 €	79.326 €	70.590 €	61.723 €	52.722 €	43.587 €	2.455.965 €

Anschaffungsauszahlung	-1.285.000 €
Ein-/Aus zu 4,5%	1.669.691 €
Kapitalwert	384.691 €

* Steigerung mit 1,5% / Jahr

Zu Kapitel 5.6.3.

Anlage 1.9

Jahr	Inbetriebnahme	1	2	3	4	5	6	7	8	9	10
Wirtschaftsjahr	01	02	03	04	05	06	07	08	09	10	11
Strom- und Wärmevergütung	440.000 €	661.747 €	661.747 €	661.747 €	661.747 €	661.747 €	661.747 €	661.747 €	661.747 €	661.747 €	661.747 €
Substituiertes Heizöl Wohnhaus	1.200 €	1.218 €	1.236 €	1.255 €	1.274 €	1.293 €	1.312 €	1.332 €	1.352 €	1.372 €	1.393 €
Düngerersatzkostenwert	0 €	0 €	0 €	0 €	0 €	0 €	0 €	0 €	0 €	0 €	0 €
Einzahlungen	441.200 €	662.965 €	662.983 €	663.002 €	663.021 €	663.040 €	663.059 €	663.079 €	663.099 €	663.119 €	663.140 €
Wartung / Instand. *	8.600 €	8.729 €	8.860 €	8.993 €	9.128 €	9.265 €	9.404 €	9.545 €	9.688 €	9.833 €	9.981 €
Wartung / Instand. BHKW*	43.279 €	64.918 €	65.892 €	66.880 €	67.883 €	68.902 €	69.935 €	70.984 €	72.049 €	73.130 €	74.227 €
Haftpflichtversicherung*	10.000 €	10.150 €	10.302 €	10.457 €	10.614 €	10.773 €	10.934 €	11.098 €	11.265 €	11.434 €	11.605 €
Zündöl*	43.279 €	43.928 €	44.587 €	45.256 €	45.935 €	46.624 €	47.323 €	48.033 €	48.753 €	49.485 €	50.227 €
Ausbringungskosten*	18.876 €	19.159 €	19.447 €	19.738 €	20.034 €	20.335 €	20.640 €	20.949 €	21.264 €	21.583 €	21.906 €
Substrate*	256.180 €	260.023 €	263.923 €	267.882 €	271.900 €	275.979 €	280.118 €	284.320 €	288.585 €	292.914 €	297.307 €
Geschäftsführung*	12.000 €	12.180 €	12.363 €	12.548 €	12.736 €	12.927 €	13.121 €	13.318 €	13.518 €	13.721 €	13.926 €
Betriebsführung*	43.800 €	44.457 €	45.124 €	45.801 €	46.488 €	47.185 €	47.893 €	48.611 €	49.340 €	50.080 €	50.832 €
Steuerberatung*	2.000 €	2.030 €	2.060 €	2.091 €	2.123 €	2.155 €	2.187 €	2.220 €	2.253 €	2.287 €	2.321 €
Grundstückspacht*	5.000 €	5.075 €	5.151 €	5.228 €	5.307 €	5.386 €	5.467 €	5.549 €	5.632 €	5.717 €	5.803 €
Sonstiges*	5.000 €	5.075 €	5.151 €	5.228 €	5.307 €	5.386 €	5.467 €	5.549 €	5.632 €	5.717 €	5.803 €
Auszahlungen	448.014 €	475.724 €	482.860 €	490.103 €	497.454 €	504.916 €	512.490 €	520.177 €	527.980 €	535.900 €	543.938 €
Differenz Ein-/Auszahlungen	-6.814 €	187.241 €	180.123 €	172.899 €	165.566 €	158.124 €	150.569 €	142.902 €	135.119 €	127.219 €	119.202 €

Jahr	11	12	13	14	15	16	17	18	19	20	GESAMT
Wirtschaftsjahr	*12*	*13*	*14*	*15*	*16*	*17*	*18*	*19*	*20*	*21*	
Strom- und Wärmevergütung	661.747 €	661.747 €	661.747 €	661.747 €	661.747 €	661.747 €	661.747 €	661.747 €	661.747 €	661.747 €	13.674.940 €
Substituiertes Heizöl Wohnhaus	1.414 €	1.435 €	1.456 €	1.478 €	1.500 €	1.523 €	1.546 €	1.569 €	1.592 €	1.616 €	29.365 €
Düngerersatzkostenwert	0 €	0 €	0 €	0 €	0 €	0 €	0 €	0 €	0 €	0 €	0 €
Einzahlungen	663.161 €	663.182 €	663.203 €	663.225 €	663.247 €	663.270 €	663.293 €	663.316 €	663.339 €	663.363 €	13.704.305 €
Wartung / Instand. *	10.130 €	10.282 €	10.437 €	10.593 €	10.752 €	10.913 €	11.077 €	11.243 €	11.412 €	11.583 €	210.446 €
Wartung / Instand. BHKW*	75.340 €	76.470 €	77.617 €	78.781 €	79.963 €	81.163 €	82.380 €	83.616 €	84.870 €	86.143 €	1.544.421 €
Haftpflichtversicherung*	11.779 €	11.956 €	12.136 €	12.318 €	12.502 €	12.690 €	12.880 €	13.073 €	13.270 €	13.469 €	244.705 €
Zündöl*	50.980 €	51.745 €	52.521 €	53.309 €	54.109 €	54.920 €	55.744 €	56.580 €	57.429 €	58.291 €	1.059.060 €
Ausbringungskosten*	22.235 €	22.568 €	22.907 €	23.251 €	23.599 €	23.953 €	24.313 €	24.677 €	25.048 €	25.423 €	461.906 €
Substrate*	301.767 €	306.293 €	310.888 €	315.551 €	320.284 €	325.089 €	329.965 €	334.915 €	339.938 €	345.037 €	6.268.858 €
Geschäftsführung*	14.135 €	14.347 €	14.563 €	14.781 €	15.003 €	15.228 €	15.456 €	15.688 €	15.923 €	16.162 €	293.646 €
Betriebsführung*	51.594 €	52.368 €	53.154 €	53.951 €	54.760 €	55.582 €	56.415 €	57.262 €	58.120 €	58.992 €	1.071.809 €
Steuerberatung*	2.356 €	2.391 €	2.427 €	2.464 €	2.500 €	2.538 €	2.576 €	2.615 €	2.654 €	2.694 €	48.941 €
Grundstückspacht*	5.890 €	5.978 €	6.068 €	6.159 €	6.251 €	6.345 €	6.440 €	6.537 €	6.635 €	6.734 €	122.353 €
Sonstiges*	5.890 €	5.978 €	6.068 €	6.159 €	6.251 €	6.345 €	6.440 €	6.537 €	6.635 €	6.734 €	122.353 €
Auszahlungen	552.097 €	560.379 €	568.784 €	577.316 €	585.976 €	594.765 €	603.687 €	612.742 €	621.933 €	631.262 €	11.448.498 €
Differenz Ein-/Auszahlungen	111.063 €	102.803 €	94.419 €	85.909 €	77.271 €	68.504 €	59.606 €	50.574 €	41.406 €	32.101 €	2.255.807 €

Anschaffungsauszahlung	-1.285.000 €
Ein-/Aus zu 4,5%	1.547.779 €
Kapitalwert	262.779 €

* Steigerung mit 1,5%/ Jahr

Zu Kapitel 5.6.3.

Anlage 1.10

Jahr	Inbetriebnahme	1	2	3	4	5	6	7	8	9	10
Wirtschaftsjahr	01	02	03	04	05	06	07	08	09	10	11
Strom- und Wärmevergütung	440.000 €	661.747 €	661.747 €	661.747 €	661.747 €	661.747 €	661.747 €	661.747 €	661.747 €	661.747 €	661.747 €
Substituiertes Heizöl Wohnhaus	1.200 €	1.218 €	1.236 €	1.255 €	1.274 €	1.293 €	1.312 €	1.332 €	1.352 €	1.372 €	1.393 €
Düngerersatzkostenwert	0 €	0 €	0 €	0 €	0 €	0 €	0 €	0 €	0 €	0 €	0 €
Einzahlungen	441.200 €	662.965 €	662.983 €	663.002 €	663.021 €	663.040 €	663.059 €	663.079 €	663.099 €	663.119 €	663.140 €
Wartung / Instand. *	8.600 €	8.729 €	8.860 €	8.993 €	9.128 €	9.265 €	9.404 €	9.545 €	9.688 €	9.833 €	9.981 €
Wartung / Instand. BHKW*	43.279 €	86.558 €	87.856 €	89.174 €	90.512 €	91.870 €	93.248 €	94.646 €	96.066 €	97.507 €	98.970 €
Haftpflichtversicherung*	10.000 €	10.150 €	10.302 €	10.457 €	10.614 €	10.773 €	10.934 €	11.098 €	11.265 €	11.434 €	11.605 €
Zündöl*	43.279 €	43.928 €	44.587 €	45.256 €	45.935 €	46.624 €	47.323 €	48.033 €	48.753 €	49.485 €	50.227 €
Ausbringungskosten*	18.876 €	19.159 €	19.447 €	19.738 €	20.034 €	20.335 €	20.640 €	20.949 €	21.264 €	21.583 €	21.906 €
Substrate*	256.180 €	260.023 €	263.923 €	267.882 €	271.900 €	275.979 €	280.118 €	284.320 €	288.585 €	292.914 €	297.307 €
Geschäftsführung*	12.000 €	12.180 €	12.363 €	12.548 €	12.736 €	12.927 €	13.121 €	13.318 €	13.518 €	13.721 €	13.926 €
Betriebsführung*	43.800 €	44.457 €	45.124 €	45.801 €	46.488 €	47.185 €	47.893 €	48.611 €	49.340 €	50.080 €	50.832 €
Steuerberatung*	2.000 €	2.030 €	2.060 €	2.091 €	2.123 €	2.155 €	2.187 €	2.220 €	2.253 €	2.287 €	2.321 €
Grundstückspacht*	5.000 €	5.075 €	5.151 €	5.228 €	5.307 €	5.386 €	5.467 €	5.549 €	5.632 €	5.717 €	5.803 €
Sonstiges*	5.000 €	5.075 €	5.151 €	5.228 €	5.307 €	5.386 €	5.467 €	5.549 €	5.632 €	5.717 €	5.803 €
Auszahlungen	448.014 €	497.364 €	504.824 €	512.397 €	520.083 €	527.884 €	535.802 €	543.839 €	551.997 €	560.277 €	568.681 €
Differenz Ein-/Auszahlungen	-6.814 €	165.601 €	158.159 €	150.605 €	142.938 €	135.156 €	127.257 €	119.239 €	111.102 €	102.842 €	94.459 €

Jahr	11	12	13	14	15	16	17	18	19	20	GESAMT
Wirtschaftsjahr	12	13	14	15	16	17	18	19	20	21	
Strom- und Wärmevergütung	661.747 €	661.747 €	661.747 €	661.747 €	661.747 €	661.747 €	661.747 €	661.747 €	661.747 €	661.747 €	13.674.940 €
Substituiertes Heizöl Wohnhaus	1.414 €	1.435 €	1.456 €	1.478 €	1.500 €	1.523 €	1.546 €	1.569 €	1.592 €	1.616 €	29.365 €
Düngerersatzkostenwert	0 €	0 €	0 €	0 €	0 €	0 €	0 €	0 €	0 €	0 €	0 €
Einzahlungen	663.161 €	663.182 €	663.203 €	663.225 €	663.247 €	663.270 €	663.293 €	663.316 €	663.339 €	663.363 €	13.704.305 €
Wartung / Instand. *	10.130 €	10.282 €	10.437 €	10.593 €	10.752 €	10.913 €	11.077 €	11.243 €	11.412 €	11.583 €	210.446 €
Wartung / Instand. BHKW*	100.454 €	101.961 €	103.490 €	105.043 €	106.618 €	108.218 €	109.841 €	111.488 €	113.161 €	114.858 €	2.044.817 €
Haftpflichtversicherung*	11.779 €	11.956 €	12.136 €	12.318 €	12.502 €	12.690 €	12.880 €	13.073 €	13.270 €	13.469 €	244.705 €
Zündöl*	50.980 €	51.745 €	52.521 €	53.309 €	54.109 €	54.920 €	55.744 €	56.580 €	57.429 €	58.291 €	1.059.060 €
Ausbringungskosten*	22.235 €	22.568 €	22.907 €	23.251 €	23.599 €	23.953 €	24.313 €	24.677 €	25.048 €	25.423 €	461.906 €
Substrate*	301.767 €	306.293 €	310.888 €	315.551 €	320.284 €	325.089 €	329.965 €	334.915 €	339.938 €	345.037 €	6.268.858 €
Geschäftsführung*	14.135 €	14.347 €	14.563 €	14.781 €	15.003 €	15.228 €	15.456 €	15.688 €	15.923 €	16.162 €	293.646 €
Betriebsführung*	51.594 €	52.368 €	53.154 €	53.951 €	54.760 €	55.582 €	56.415 €	57.262 €	58.120 €	58.992 €	1.071.809 €
Steuerberatung*	2.356 €	2.391 €	2.427 €	2.464 €	2.500 €	2.538 €	2.576 €	2.615 €	2.654 €	2.694 €	48.941 €
Grundstückspacht*	5.890 €	5.978 €	6.068 €	6.159 €	6.251 €	6.345 €	6.440 €	6.537 €	6.635 €	6.734 €	122.353 €
Sonstiges*	5.890 €	5.978 €	6.068 €	6.159 €	6.251 €	6.345 €	6.440 €	6.537 €	6.635 €	6.734 €	122.353 €
Auszahlungen	577.211 €	585.869 €	594.657 €	603.577 €	612.631 €	621.820 €	631.148 €	640.615 €	650.224 €	659.978 €	11.948.894 €
Differenz Ein-/Auszahlungen	85.949 €	77.312 €	68.546 €	59.648 €	50.616 €	41.449 €	32.145 €	22.701 €	13.115 €	3.386 €	1.755.410 €

Anschaffungsauszahlung	-1.285.000 €
Ein-/Aus zu 4,5%	1.243.000 €
Kapitalwert	-42.000 €

* Steigerung mit 1,5% / Jahr

Zu Kapitel 5.6.3.

Anlage 1.11

Jahr	Inbetriebnahme	1	2	3	4	5	6	7	8	9	10
Wirtschaftsjahr	01	02	03	04	05	06	07	08	09	10	11
Strom- und Wärmevergütung	426.800 €	641.895 €	641.895 €	641.895 €	641.895 €	641.895 €	641.895 €	641.895 €	641.895 €	641.895 €	641.895 €
Substituiertes Heizöl Wohnhaus	1.200 €	1.218 €	1.236 €	1.255 €	1.274 €	1.293 €	1.312 €	1.332 €	1.352 €	1.372 €	1.393 €
Düngerersatzkostenwert	0 €	0 €	0 €	0 €	0 €	0 €	0 €	0 €	0 €	0 €	0 €
Einzahlungen	428.000 €	643.113 €	643.131 €	643.150 €	643.169 €	643.188 €	643.207 €	643.227 €	643.247 €	643.267 €	643.288 €
Wartung / Instand. *	8.600 €	8.729 €	8.860 €	8.993 €	9.128 €	9.265 €	9.404 €	9.545 €	9.688 €	9.833 €	9.981 €
Wartung / Instand. BHKW*	43.279 €	43.928 €	44.587 €	45.256 €	45.935 €	46.624 €	47.323 €	48.033 €	48.753 €	49.485 €	50.227 €
Haftpflichtversicherung*	10.000 €	10.150 €	10.302 €	10.457 €	10.614 €	10.773 €	10.934 €	11.098 €	11.265 €	11.434 €	11.605 €
Zündöl*	43.279 €	43.928 €	44.587 €	45.256 €	45.935 €	46.624 €	47.323 €	48.033 €	48.753 €	49.485 €	50.227 €
Ausbringungskosten*	18.876 €	19.159 €	19.447 €	19.738 €	20.034 €	20.335 €	20.640 €	20.949 €	21.264 €	21.583 €	21.906 €
Substrate*	256.180 €	260.023 €	263.923 €	267.882 €	271.900 €	275.979 €	280.118 €	284.320 €	288.585 €	292.914 €	297.307 €
Geschäftsführung*	12.000 €	12.180 €	12.363 €	12.548 €	12.736 €	12.927 €	13.121 €	13.318 €	13.518 €	13.721 €	13.926 €
Betriebsführung*	43.800 €	44.457 €	45.124 €	45.801 €	46.488 €	47.185 €	47.893 €	48.611 €	49.340 €	50.080 €	50.832 €
Steuerberatung*	2.000 €	2.030 €	2.060 €	2.091 €	2.123 €	2.155 €	2.187 €	2.220 €	2.253 €	2.287 €	2.321 €
Grundstückspacht*	5.000 €	5.075 €	5.151 €	5.228 €	5.307 €	5.386 €	5.467 €	5.549 €	5.632 €	5.717 €	5.803 €
Sonstiges*	5.000 €	5.075 €	5.151 €	5.228 €	5.307 €	5.386 €	5.467 €	5.549 €	5.632 €	5.717 €	5.803 €
Auszahlungen	448.014 €	454.734 €	461.555 €	468.479 €	475.506 €	482.638 €	489.878 €	497.226 €	504.684 €	512.255 €	519.939 €
Differenz Ein-/Auszahlungen	-20.014 €	188.379 €	181.576 €	174.671 €	167.663 €	160.549 €	153.329 €	146.001 €	138.562 €	131.012 €	123.349 €

Jahr	11	12	13	14	15	16	17	18	19	20	GESAMT
Wirtschaftsjahr	*12*	*13*	*14*	*15*	*16*	*17*	*18*	*19*	*20*	*21*	
Strom- und Wärmevergütung	641.895 €	641.895 €	641.895 €	641.895 €	641.895 €	641.895 €	641.895 €	641.895 €	641.895 €	641.895 €	13.264.700 €
Substituiertes Heizöl Wohnhaus	1.414 €	1.435 €	1.456 €	1.478 €	1.500 €	1.523 €	1.546 €	1.569 €	1.592 €	1.616 €	29.365 €
Düngerersatzkostenwert	0 €	0 €	0 €	0 €	0 €	0 €	0 €	0 €	0 €	0 €	0 €
Einzahlungen	643.309 €	643.330 €	643.351 €	643.373 €	643.395 €	643.418 €	643.441 €	643.464 €	643.487 €	643.511 €	13.294.065 €
Wartung / Instand. *	10.130 €	10.282 €	10.437 €	10.593 €	10.752 €	10.913 €	11.077 €	11.243 €	11.412 €	11.583 €	210.446 €
Wartung / Instand. BHKW*	50.980 €	51.745 €	52.521 €	53.309 €	54.109 €	54.920 €	55.744 €	56.580 €	57.429 €	58.291 €	1.059.060 €
Haftpflichtversicherung*	11.779 €	11.956 €	12.136 €	12.318 €	12.502 €	12.690 €	12.880 €	13.073 €	13.270 €	13.469 €	244.705 €
Zündöl*	50.980 €	51.745 €	52.521 €	53.309 €	54.109 €	54.920 €	55.744 €	56.580 €	57.429 €	58.291 €	1.059.060 €
Ausbringungskosten*	22.235 €	22.568 €	22.907 €	23.251 €	23.599 €	23.953 €	24.313 €	24.677 €	25.048 €	25.423 €	461.906 €
Substrate*	301.767 €	306.293 €	310.888 €	315.551 €	320.284 €	325.089 €	329.965 €	334.915 €	339.938 €	345.037 €	6.268.858 €
Geschäftsführung*	14.135 €	14.347 €	14.563 €	14.781 €	15.003 €	15.228 €	15.456 €	15.688 €	15.923 €	16.162 €	293.646 €
Betriebsführung*	51.594 €	52.368 €	53.154 €	53.951 €	54.760 €	55.582 €	56.415 €	57.262 €	58.120 €	58.992 €	1.071.809 €
Steuerberatung*	2.356 €	2.391 €	2.427 €	2.464 €	2.500 €	2.538 €	2.576 €	2.615 €	2.654 €	2.694 €	48.941 €
Grundstückspacht*	5.890 €	5.978 €	6.068 €	6.159 €	6.251 €	6.345 €	6.440 €	6.537 €	6.635 €	6.734 €	122.353 €
Sonstiges*	5.890 €	5.978 €	6.068 €	6.159 €	6.251 €	6.345 €	6.440 €	6.537 €	6.635 €	6.734 €	122.353 €
Auszahlungen	527.738 €	535.654 €	543.688 €	551.844 €	560.121 €	568.523 €	577.051 €	585.707 €	594.493 €	603.410 €	10.963.136 €
Differenz Ein-/Auszahlungen	115.571 €	107.676 €	99.663 €	91.529 €	83.274 €	74.894 €	66.389 €	57.757 €	48.995 €	40.101 €	2.330.928 €

Anschaffungsauszahlung	-1.285.000 €
Ein-/Aus zu 4,5%	1.583.656 €
Kapitalwert	298.657 €

* Steigerung mit 1,5% / Jahr

Zu Kapitel 5.6.5.

Anlage 1.12

Jahr	Inbetriebnahme	1	2	3	4	5	6	7	8	9	10
Wirtschaftsjahr	01	02	03	04	05	06	07	08	09	10	11
Strom- und Wärmevergütung	418.000 €	628.660 €	628.660 €	628.660 €	628.660 €	628.660 €	628.660 €	628.660 €	628.660 €	628.660 €	628.660 €
Substituiertes Heizöl Wohnhaus	1.200 €	1.218 €	1.236 €	1.255 €	1.274 €	1.293 €	1.312 €	1.332 €	1.352 €	1.372 €	1.393 €
Düngerersatzkostenwert	0 €	0 €	0 €	0 €	0 €	0 €	0 €	0 €	0 €	0 €	0 €
Einzahlungen	419.200 €	629.878 €	629.896 €	629.915 €	629.934 €	629.953 €	629.972 €	629.992 €	630.012 €	630.032 €	630.053 €
Wartung / Instand. *	8.600 €	8.729 €	8.860 €	8.993 €	9.128 €	9.265 €	9.404 €	9.545 €	9.688 €	9.833 €	9.981 €
Wartung / Instand. BHKW*	43.279 €	43.928 €	44.587 €	45.256 €	45.935 €	46.624 €	47.323 €	48.033 €	48.753 €	49.485 €	50.227 €
Haftpflichtversicherung*	10.000 €	10.150 €	10.302 €	10.457 €	10.614 €	10.773 €	10.934 €	11.098 €	11.265 €	11.434 €	11.605 €
Zündöl*	43.279 €	43.928 €	44.587 €	45.256 €	45.935 €	46.624 €	47.323 €	48.033 €	48.753 €	49.485 €	50.227 €
Ausbringungskosten*	18.876 €	19.159 €	19.447 €	19.738 €	20.034 €	20.335 €	20.640 €	20.949 €	21.264 €	21.583 €	21.906 €
Substrate*	256.180 €	260.023 €	263.923 €	267.882 €	271.900 €	275.979 €	280.118 €	284.320 €	288.585 €	292.914 €	297.307 €
Geschäftsführung*	12.000 €	12.180 €	12.363 €	12.548 €	12.736 €	12.927 €	13.121 €	13.318 €	13.518 €	13.721 €	13.926 €
Betriebsführung*	43.800 €	44.457 €	45.124 €	45.801 €	46.488 €	47.185 €	47.893 €	48.611 €	49.340 €	50.080 €	50.832 €
Steuerberatung*	2.000 €	2.030 €	2.060 €	2.091 €	2.123 €	2.155 €	2.187 €	2.220 €	2.253 €	2.287 €	2.321 €
Grundstückspacht*	5.000 €	5.075 €	5.151 €	5.228 €	5.307 €	5.386 €	5.467 €	5.549 €	5.632 €	5.717 €	5.803 €
Sonstiges*	5.000 €	5.075 €	5.151 €	5.228 €	5.307 €	5.386 €	5.467 €	5.549 €	5.632 €	5.717 €	5.803 €
Auszahlungen	448.014 €	454.734 €	461.555 €	468.479 €	475.506 €	482.638 €	489.878 €	497.226 €	504.684 €	512.255 €	519.939 €
Differenz Ein-/Auszahlungen	-28.814 €	175.144 €	168.341 €	161.436 €	154.428 €	147.314 €	140.094 €	132.766 €	125.327 €	117.777 €	110.114 €

Jahr	11	12	13	14	15	16	17	18	19	20	GESAMT
Wirtschaftsjahr	*12*	*13*	*14*	*15*	*16*	*17*	*18*	*19*	*20*	*21*	
Strom- und Wärmevergütung	628.660 €	628.660 €	628.660 €	628.660 €	628.660 €	628.660 €	628.660 €	628.660 €	628.660 €	628.660 €	12.991.200 €
Substituiertes Heizöl Wohnhaus	1.414 €	1.435 €	1.456 €	1.478 €	1.500 €	1.523 €	1.546 €	1.569 €	1.592 €	1.616 €	29.365 €
Düngerersatzkostenwert	0 €	0 €	0 €	0 €	0 €	0 €	0 €	0 €	0 €	0 €	0 €
Einzahlungen	630.074 €	630.095 €	630.116 €	630.138 €	630.160 €	630.183 €	630.206 €	630.229 €	630.252 €	630.276 €	13.020.565 €
Wartung / Instand. *	10.130 €	10.282 €	10.437 €	10.593 €	10.752 €	10.913 €	11.077 €	11.243 €	11.412 €	11.583 €	210.446 €
Wartung / Instand. BHKW*	50.980 €	51.745 €	52.521 €	53.309 €	54.109 €	54.920 €	55.744 €	56.580 €	57.429 €	58.291 €	1.059.060 €
Haftpflichtversicherung*	11.779 €	11.956 €	12.136 €	12.318 €	12.502 €	12.690 €	12.880 €	13.073 €	13.270 €	13.469 €	244.705 €
Zündöl*	50.980 €	51.745 €	52.521 €	53.309 €	54.109 €	54.920 €	55.744 €	56.580 €	57.429 €	58.291 €	1.059.060 €
Ausbringungskosten*	22.235 €	22.568 €	22.907 €	23.251 €	23.599 €	23.953 €	24.313 €	24.677 €	25.048 €	25.423 €	461.906 €
Substrate*	301.767 €	306.293 €	310.888 €	315.551 €	320.284 €	325.089 €	329.965 €	334.915 €	339.938 €	345.037 €	6.268.858 €
Geschäftsführung*	14.135 €	14.347 €	14.563 €	14.781 €	15.003 €	15.228 €	15.456 €	15.688 €	15.923 €	16.162 €	293.646 €
Betriebsführung*	51.594 €	52.368 €	53.154 €	53.951 €	54.760 €	55.582 €	56.415 €	57.262 €	58.120 €	58.992 €	1.071.809 €
Steuerberatung*	2.356 €	2.391 €	2.427 €	2.464 €	2.500 €	2.538 €	2.576 €	2.615 €	2.654 €	2.694 €	48.941 €
Grundstückspacht*	5.890 €	5.978 €	6.068 €	6.159 €	6.251 €	6.345 €	6.440 €	6.537 €	6.635 €	6.734 €	122.353 €
Sonstiges*	5.890 €	5.978 €	6.068 €	6.159 €	6.251 €	6.345 €	6.440 €	6.537 €	6.635 €	6.734 €	122.353 €
Auszahlungen	527.738 €	535.654 €	543.688 €	551.844 €	560.121 €	568.523 €	577.051 €	585.707 €	594.493 €	603.410 €	10.963.136 €
Differenz Ein-/Auszahlungen	102.336 €	94.441 €	86.428 €	78.294 €	70.039 €	61.659 €	53.154 €	44.522 €	35.760 €	26.866 €	2.057.428 €

Anschaffungsauszahlung	-1.285.000 €
Ein-/Aus zu 4,5%	1.410.489 €
Kapitalwert	125.489 €

* Steigerung mit 1,5% / Jahr

Zu Kapitel 5.6.5.

Anlage 1.13

Jahr	Inbetriebnahme	1	2	3	4	5	6	7	8	9	10
Wirtschaftsjahr	01	02	03	04	05	06	07	08	09	10	11
Strom- und Wärmevergütung	404.800 €	608.808 €	608.808 €	608.808 €	608.808 €	608.808 €	608.808 €	608.808 €	608.808 €	608.808 €	608.808 €
Substituiertes Heizöl Wohnhaus	1.200 €	1.218 €	1.236 €	1.255 €	1.274 €	1.293 €	1.312 €	1.332 €	1.352 €	1.372 €	1.393 €
Düngerersatzkostenwert	0 €	0 €	0 €	0 €	0 €	0 €	0 €	0 €	0 €	0 €	0 €
Einzahlungen	406.000 €	610.026 €	610.044 €	610.063 €	610.082 €	610.101 €	610.120 €	610.140 €	610.160 €	610.180 €	610.201 €
Wartung / Instand. *	8.600 €	8.729 €	8.860 €	8.993 €	9.128 €	9.265 €	9.404 €	9.545 €	9.688 €	9.833 €	9.981 €
Wartung / Instand. BHKW*	43.279 €	43.928 €	44.587 €	45.256 €	45.935 €	46.624 €	47.323 €	48.033 €	48.753 €	49.485 €	50.227 €
Haftpflichtversicherung*	10.000 €	10.150 €	10.302 €	10.457 €	10.614 €	10.773 €	10.934 €	11.098 €	11.265 €	11.434 €	11.605 €
Zündöl*	43.279 €	43.928 €	44.587 €	45.256 €	45.935 €	46.624 €	47.323 €	48.033 €	48.753 €	49.485 €	50.227 €
Ausbringungskosten*	18.876 €	19.159 €	19.447 €	19.738 €	20.034 €	20.335 €	20.640 €	20.949 €	21.264 €	21.583 €	21.906 €
Substrate*	256.180 €	260.023 €	263.923 €	267.882 €	271.900 €	275.979 €	280.118 €	284.320 €	288.585 €	292.914 €	297.307 €
Geschäftsführung*	12.000 €	12.180 €	12.363 €	12.548 €	12.736 €	12.927 €	13.121 €	13.318 €	13.518 €	13.721 €	13.926 €
Betriebsführung*	43.800 €	44.457 €	45.124 €	45.801 €	46.488 €	47.185 €	47.893 €	48.611 €	49.340 €	50.080 €	50.832 €
Steuerberatung*	2.000 €	2.030 €	2.060 €	2.091 €	2.123 €	2.155 €	2.187 €	2.220 €	2.253 €	2.287 €	2.321 €
Grundstückspacht*	5.000 €	5.075 €	5.151 €	5.228 €	5.307 €	5.386 €	5.467 €	5.549 €	5.632 €	5.717 €	5.803 €
Sonstiges*	5.000 €	5.075 €	5.151 €	5.228 €	5.307 €	5.386 €	5.467 €	5.549 €	5.632 €	5.717 €	5.803 €
Auszahlungen	448.014 €	454.734 €	461.555 €	468.479 €	475.506 €	482.638 €	489.878 €	497.226 €	504.684 €	512.255 €	519.939 €
Differenz Ein-/Auszahlungen	-42.014 €	155.292 €	148.489 €	141.584 €	134.576 €	127.462 €	120.242 €	112.914 €	105.475 €	97.925 €	90.262 €

Jahr	11	12	13	14	15	16	17	18	19	20	GESAMT
Wirtschaftsjahr	*12*	*13*	*14*	*15*	*16*	*17*	*18*	*19*	*20*	*21*	
Strom- und Wärmevergütung	608.808 €	608.808 €	608.808 €	608.808 €	608.808 €	608.808 €	608.808 €	608.808 €	608.808 €	608.808 €	12.580.960 €
Substituiertes Heizöl Wohnhaus	1.414 €	1.435 €	1.456 €	1.478 €	1.500 €	1.523 €	1.546 €	1.569 €	1.592 €	1.616 €	29.365 €
Düngerersatzkostenwert	0 €	0 €	0 €	0 €	0 €	0 €	0 €	0 €	0 €	0 €	0 €
Einzahlungen	610.222 €	610.243 €	610.264 €	610.286 €	610.308 €	610.331 €	610.354 €	610.377 €	610.400 €	610.424 €	12.610.325 €
Wartung / Instand. *	10.130 €	10.282 €	10.437 €	10.593 €	10.752 €	10.913 €	11.077 €	11.243 €	11.412 €	11.583 €	210.446 €
Wartung / Instand. BHKW*	50.980 €	51.745 €	52.521 €	53.309 €	54.109 €	54.920 €	55.744 €	56.580 €	57.429 €	58.291 €	1.059.060 €
Haftpflichtversicherung*	11.779 €	11.956 €	12.136 €	12.318 €	12.502 €	12.690 €	12.880 €	13.073 €	13.270 €	13.469 €	244.705 €
Zündöl*	50.980 €	51.745 €	52.521 €	53.309 €	54.109 €	54.920 €	55.744 €	56.580 €	57.429 €	58.291 €	1.059.060 €
Ausbringungskosten*	22.235 €	22.568 €	22.907 €	23.251 €	23.599 €	23.953 €	24.313 €	24.677 €	25.048 €	25.423 €	461.906 €
Substrate*	301.767 €	306.293 €	310.888 €	315.551 €	320.284 €	325.089 €	329.965 €	334.915 €	339.938 €	345.037 €	6.268.858 €
Geschäftsführung*	14.135 €	14.347 €	14.563 €	14.781 €	15.003 €	15.228 €	15.456 €	15.688 €	15.923 €	16.162 €	293.646 €
Betriebsführung*	51.594 €	52.368 €	53.154 €	53.951 €	54.760 €	55.582 €	56.415 €	57.262 €	58.120 €	58.992 €	1.071.809 €
Steuerberatung*	2.356 €	2.391 €	2.427 €	2.464 €	2.500 €	2.538 €	2.576 €	2.615 €	2.654 €	2.694 €	48.941 €
Grundstückspacht*	5.890 €	5.978 €	6.068 €	6.159 €	6.251 €	6.345 €	6.440 €	6.537 €	6.635 €	6.734 €	122.353 €
Sonstiges*	5.890 €	5.978 €	6.068 €	6.159 €	6.251 €	6.345 €	6.440 €	6.537 €	6.635 €	6.734 €	122.353 €
Auszahlungen	527.738 €	535.654 €	543.688 €	551.844 €	560.121 €	568.523 €	577.051 €	585.707 €	594.493 €	603.410 €	10.963.136 €
Differenz Ein-/Auszahlungen	82.484 €	74.589 €	66.576 €	58.442 €	50.187 €	41.807 €	33.302 €	24.670 €	15.908 €	7.014 €	1.647.188 €

Anschaffungsauszahlung	-1.285.000 €
Ein-/Aus zu 4,5 %	1.150.744 €
Kapitalwert	-134.256 €

* Steigerung mit 1,5% / Jahr

Zu Kapitel 5.6.5.

Anlage 1.14

Jahr	Inbetriebnahme	1	2	3	4	5	6	7	8	9	10
Wirtschaftsjahr	*01*	*02*	*03*	*04*	*05*	*06*	*07*	*08*	*09*	*10*	*11*
Strom- und Wärmevergütung	440.000 €	579.028 €	579.028 €	579.028 €	579.028 €	579.028 €	579.028 €	579.028 €	579.028 €	579.028 €	579.028 €
Substituiertes Heizöl Wohnhaus	1.200 €	1.218 €	1.236 €	1.255 €	1.274 €	1.293 €	1.312 €	1.332 €	1.352 €	1.372 €	1.393 €
Düngerersatzkostenwert	0 €	0 €	0 €	0 €	0 €	0 €	0 €	0 €	0 €	0 €	0 €
Einzahlungen	441.200 €	580.246 €	580.264 €	580.283 €	580.302 €	580.321 €	580.340 €	580.360 €	580.380 €	580.400 €	580.421 €
Wartung / Instand. *	8.600 €	8.729 €	8.860 €	8.993 €	9.128 €	9.265 €	9.404 €	9.545 €	9.688 €	9.833 €	9.981 €
Wartung / Instand. BHKW*	43.279 €	43.928 €	44.587 €	45.256 €	45.935 €	46.624 €	47.323 €	48.033 €	48.753 €	49.485 €	50.227 €
Haftpflichtversicherung*	10.000 €	10.150 €	10.302 €	10.457 €	10.614 €	10.773 €	10.934 €	11.098 €	11.265 €	11.434 €	11.605 €
Zündöl*	43.279 €	43.928 €	44.587 €	45.256 €	45.935 €	46.624 €	47.323 €	48.033 €	48.753 €	49.485 €	50.227 €
Ausbringungskosten*	18.876 €	19.159 €	19.447 €	19.738 €	20.034 €	20.335 €	20.640 €	20.949 €	21.264 €	21.583 €	21.906 €
Substrate*	256.180 €	260.023 €	263.923 €	267.882 €	271.900 €	275.979 €	280.118 €	284.320 €	288.585 €	292.914 €	297.307 €
Geschäftsführung*	12.000 €	12.180 €	12.363 €	12.548 €	12.736 €	12.927 €	13.121 €	13.318 €	13.518 €	13.721 €	13.926 €
Betriebsführung*	43.800 €	44.457 €	45.124 €	45.801 €	46.488 €	47.185 €	47.893 €	48.611 €	49.340 €	50.080 €	50.832 €
Steuerberatung*	2.000 €	2.030 €	2.060 €	2.091 €	2.123 €	2.155 €	2.187 €	2.220 €	2.253 €	2.287 €	2.321 €
Grundstückspacht*	5.000 €	5.075 €	5.151 €	5.228 €	5.307 €	5.386 €	5.467 €	5.549 €	5.632 €	5.717 €	5.803 €
Sonstiges*	5.000 €	5.075 €	5.151 €	5.228 €	5.307 €	5.386 €	5.467 €	5.549 €	5.632 €	5.717 €	5.803 €
Auszahlungen	448.014 €	454.734 €	461.555 €	468.479 €	475.506 €	482.638 €	489.878 €	497.226 €	504.684 €	512.255 €	519.939 €
Differenz Ein-/Auszahlungen	-6.814 €	125.512 €	118.709 €	111.804 €	104.796 €	97.682 €	90.462 €	83.134 €	75.695 €	68.145 €	60.482 €

Jahr	11	12	13	14	15	16	17	18	19	20	GESAMT
Wirtschaftsjahr	12	13	14	15	16	17	18	19	20	21	
Strom- und Wärmevergütung	579.028 €	579.028 €	579.028 €	579.028 €	579.028 €	579.028 €	579.028 €	579.028 €	579.028 €	579.028 €	12.020.560 €
Substituiertes Heizöl Wohnhaus	1.414 €	1.435 €	1.456 €	1.478 €	1.500 €	1.523 €	1.546 €	1.569 €	1.592 €	1.616 €	29.365 €
Düngerersatzkostenwert	0 €	0 €	0 €	0 €	0 €	0 €	0 €	0 €	0 €	0 €	0 €
Einzahlungen	580.442 €	580.463 €	580.484 €	580.506 €	580.528 €	580.551 €	580.574 €	580.597 €	580.620 €	580.644 €	12.049.925 €
Wartung / Instand. *	10.130 €	10.282 €	10.437 €	10.593 €	10.752 €	10.913 €	11.077 €	11.243 €	11.412 €	11.583 €	210.446 €
Wartung / Instand. BHKW*	50.980 €	51.745 €	52.521 €	53.309 €	54.109 €	54.920 €	55.744 €	56.580 €	57.429 €	58.291 €	1.059.060 €
Haftpflichtversicherung*	11.779 €	11.956 €	12.136 €	12.318 €	12.502 €	12.690 €	12.880 €	13.073 €	13.270 €	13.469 €	244.705 €
Zündöl*	50.980 €	51.745 €	52.521 €	53.309 €	54.109 €	54.920 €	55.744 €	56.580 €	57.429 €	58.291 €	1.059.060 €
Ausbringungskosten*	22.235 €	22.568 €	22.907 €	23.251 €	23.599 €	23.953 €	24.313 €	24.677 €	25.048 €	25.423 €	461.906 €
Substrate*	301.767 €	306.293 €	310.888 €	315.551 €	320.284 €	325.089 €	329.965 €	334.915 €	339.938 €	345.037 €	6.268.858 €
Geschäftsführung*	14.135 €	14.347 €	14.563 €	14.781 €	15.003 €	15.228 €	15.456 €	15.688 €	15.923 €	16.162 €	293.646 €
Betriebsführung*	51.594 €	52.368 €	53.154 €	53.951 €	54.760 €	55.582 €	56.415 €	57.262 €	58.120 €	58.992 €	1.071.809 €
Steuerberatung*	2.356 €	2.391 €	2.427 €	2.464 €	2.500 €	2.538 €	2.576 €	2.615 €	2.654 €	2.694 €	48.941 €
Grundstückspacht*	5.890 €	5.978 €	6.068 €	6.159 €	6.251 €	6.345 €	6.440 €	6.537 €	6.635 €	6.734 €	122.353 €
Sonstiges*	5.890 €	5.978 €	6.068 €	6.159 €	6.251 €	6.345 €	6.440 €	6.537 €	6.635 €	6.734 €	122.353 €
Auszahlungen	527.738 €	535.654 €	543.688 €	551.844 €	560.121 €	568.523 €	577.051 €	585.707 €	594.493 €	603.410 €	10.963.136 €
Differenz Ein-/Auszahlungen	52.704 €	44.809 €	36.796 €	28.662 €	20.407 €	12.027 €	3.522 €	-5.110 €	-13.872 €	-22.766 €	1.086.788 €

Anschaffungsauszahlung	-1.156.500 €
Ein-/Aus zu 4,5%	813.733 €
Kapitalwert	-342.767 €

* Steigerung mit 1,5% / Jahr

Zu Kapitel 5.6.6.

Anlage 1.15

Jahr	Inbetriebnahme	1	2	3	4	5	6	7	8	9	10
Wirtschaftsjahr	01	02	03	04	05	06	07	08	09	10	11
Strom- und Wärmevergütung	440.000 €	661.747 €	661.747 €	661.747 €	661.747 €	661.747 €	661.747 €	661.747 €	661.747 €	661.747 €	661.747 €
Substituiertes Heizöl Wohnhaus	1.200 €	1.218 €	1.236 €	1.255 €	1.274 €	1.293 €	1.312 €	1.332 €	1.352 €	1.372 €	1.393 €
Düngerersatzkostenwert	0 €	0 €	0 €	0 €	0 €	0 €	0 €	0 €	0 €	0 €	0 €
Einzahlungen	441.200 €	662.965 €	662.983 €	663.002 €	663.021 €	663.040 €	663.059 €	663.079 €	663.099 €	663.119 €	663.140 €
Wartung / Instand. *	8.600 €	8.729 €	8.860 €	8.993 €	9.128 €	9.265 €	9.404 €	9.545 €	9.688 €	9.833 €	9.981 €
Wartung / Instand. BHKW*	43.279 €	43.928 €	44.587 €	45.256 €	45.935 €	46.624 €	47.323 €	48.033 €	48.753 €	49.485 €	50.227 €
Haftpflichtversicherung*	10.000 €	10.150 €	10.302 €	10.457 €	10.614 €	10.773 €	10.934 €	11.098 €	11.265 €	11.434 €	11.605 €
Zündöl*	43.279 €	43.928 €	44.587 €	45.256 €	45.935 €	46.624 €	47.323 €	48.033 €	48.753 €	49.485 €	50.227 €
Ausbringungskosten*	18.876 €	19.159 €	19.447 €	19.738 €	20.034 €	20.335 €	20.640 €	20.949 €	21.264 €	21.583 €	21.906 €
Substrate*	248.880 €	252.613 €	256.402 €	260.248 €	264.152 €	268.114 €	272.136 €	276.218 €	280.361 €	284.567 €	288.835 €
Geschäftsführung*	12.000 €	12.180 €	12.363 €	12.548 €	12.736 €	12.927 €	13.121 €	13.318 €	13.518 €	13.721 €	13.926 €
Betriebsführung*	43.800 €	44.457 €	45.124 €	45.801 €	46.488 €	47.185 €	47.893 €	48.611 €	49.340 €	50.080 €	50.832 €
Steuerberatung*	2.000 €	2.030 €	2.060 €	2.091 €	2.123 €	2.155 €	2.187 €	2.220 €	2.253 €	2.287 €	2.321 €
Grundstückspacht*	5.000 €	5.075 €	5.151 €	5.228 €	5.307 €	5.386 €	5.467 €	5.549 €	5.632 €	5.717 €	5.803 €
Sonstiges*	5.000 €	5.075 €	5.151 €	5.228 €	5.307 €	5.386 €	5.467 €	5.549 €	5.632 €	5.717 €	5.803 €
Auszahlungen	440.714 €	447.325 €	454.035 €	460.845 €	467.758 €	474.774 €	481.896 €	489.124 €	496.461 €	503.908 €	511.467 €
Differenz Ein-/Auszahlungen	486 €	215.640 €	208.949 €	202.157 €	195.263 €	188.266 €	181.163 €	173.955 €	166.638 €	159.211 €	151.673 €

Jahr	11	12	13	14	15	16	17	18	19	20	GESAMT
Wirtschaftsjahr	12	13	14	15	16	17	18	19	20	21	
Strom- und Wärmevergütung	661.747 €	661.747 €	661.747 €	661.747 €	661.747 €	661.747 €	661.747 €	661.747 €	661.747 €	661.747 €	13.674.940 €
Substituiertes Heizöl Wohnhaus	1.414 €	1.435 €	1.456 €	1.478 €	1.500 €	1.523 €	1.546 €	1.569 €	1.592 €	1.616 €	29.365 €
Düngerersatzkostenwert	0 €	0 €	0 €	0 €	0 €	0 €	0 €	0 €	0 €	0 €	0 €
Einzahlungen	663.161 €	663.182 €	663.203 €	663.225 €	663.247 €	663.270 €	663.293 €	663.316 €	663.339 €	663.363 €	13.704.305 €
Wartung / Instand. *	10.130 €	10.282 €	10.437 €	10.593 €	10.752 €	10.913 €	11.077 €	11.243 €	11.412 €	11.583 €	210.446 €
Wartung / Instand. BHKW*	50.980 €	51.745 €	52.521 €	53.309 €	54.109 €	54.920 €	55.744 €	56.580 €	57.429 €	58.291 €	1.059.060 €
Haftpflichtversicherung*	11.779 €	11.956 €	12.136 €	12.318 €	12.502 €	12.690 €	12.880 €	13.073 €	13.270 €	13.469 €	244.705 €
Zündöl*	50.980 €	51.745 €	52.521 €	53.309 €	54.109 €	54.920 €	55.744 €	56.580 €	57.429 €	58.291 €	1.059.060 €
Ausbringungskosten*	22.235 €	22.568 €	22.907 €	23.251 €	23.599 €	23.953 €	24.313 €	24.677 €	25.048 €	25.423 €	461.906 €
Substrate*	293.168 €	297.565 €	302.029 €	306.559 €	311.158 €	315.825 €	320.562 €	325.371 €	330.252 €	335.205 €	6.090.224 €
Geschäftsführung*	14.135 €	14.347 €	14.563 €	14.781 €	15.003 €	15.228 €	15.456 €	15.688 €	15.923 €	16.162 €	293.646 €
Betriebsführung*	51.594 €	52.368 €	53.154 €	53.951 €	54.760 €	55.582 €	56.415 €	57.262 €	58.120 €	58.992 €	1.071.809 €
Steuerberatung*	2.356 €	2.391 €	2.427 €	2.464 €	2.500 €	2.538 €	2.576 €	2.615 €	2.654 €	2.694 €	48.941 €
Grundstückspacht*	5.890 €	5.978 €	6.068 €	6.159 €	6.251 €	6.345 €	6.440 €	6.537 €	6.635 €	6.734 €	122.353 €
Sonstiges*	5.890 €	5.978 €	6.068 €	6.159 €	6.251 €	6.345 €	6.440 €	6.537 €	6.635 €	6.734 €	122.353 €
Auszahlungen	519.139 €	526.926 €	534.830 €	542.852 €	550.995 €	559.260 €	567.649 €	576.163 €	584.806 €	593.578 €	10.784.502 €
Differenz Ein-/Auszahlungen	144.022 €	136.256 €	128.374 €	120.373 €	112.253 €	104.010 €	95.644 €	87.152 €	78.534 €	69.785 €	2.919.803 €

Anschaffungsauszahlung	-1.285.000 €
Ein-/Aus zu 4,5%	1.954.744 €
Kapitalwert	669.744 €

* Steigerung mit 1,5% / Jahr

Zu Kapitel 5.6.7.

Anlage 1.16

Jahr	Inbetriebnahme	1	2	3	4	5	6	7	8	9	10
Wirtschaftsjahr	*01*	*02*	*03*	*04*	*05*	*06*	*07*	*08*	*09*	*10*	*11*
Strom- und Wärmevergütung	440.000 €	661.747 €	661.747 €	661.747 €	661.747 €	661.747 €	661.747 €	661.747 €	661.747 €	661.747 €	661.747 €
Substituiertes Heizöl Wohnhaus	1.200 €	1.218 €	1.236 €	1.255 €	1.274 €	1.293 €	1.312 €	1.332 €	1.352 €	1.372 €	1.393 €
Düngerersatzkostenwert	0 €	0 €	0 €	0 €	0 €	0 €	0 €	0 €	0 €	0 €	0 €
Einzahlungen	441.200 €	662.965 €	662.983 €	663.002 €	663.021 €	663.040 €	663.059 €	663.079 €	663.099 €	663.119 €	663.140 €
Wartung / Instand. *	8.600 €	8.729 €	8.860 €	8.993 €	9.128 €	9.265 €	9.404 €	9.545 €	9.688 €	9.833 €	9.981 €
Wartung / Instand. BHKW*	43.279 €	43.928 €	44.587 €	45.256 €	45.935 €	46.624 €	47.323 €	48.033 €	48.753 €	49.485 €	50.227 €
Haftpflichtversicherung*	10.000 €	10.150 €	10.302 €	10.457 €	10.614 €	10.773 €	10.934 €	11.098 €	11.265 €	11.434 €	11.605 €
Zündöl*	43.279 €	43.928 €	44.587 €	45.256 €	45.935 €	46.624 €	47.323 €	48.033 €	48.753 €	49.485 €	50.227 €
Ausbringungskosten*	18.876 €	19.159 €	19.447 €	19.738 €	20.034 €	20.335 €	20.640 €	20.949 €	21.264 €	21.583 €	21.906 €
Substrate*	256.180 €	260.023 €	263.923 €	267.882 €	271.900 €	275.979 €	280.118 €	284.320 €	288.585 €	292.914 €	297.307 €
Geschäftsführung*	12.000 €	12.180 €	12.363 €	12.548 €	12.736 €	12.927 €	13.121 €	13.318 €	13.518 €	13.721 €	13.926 €
Betriebsführung*	43.800 €	44.457 €	45.124 €	45.801 €	46.488 €	47.185 €	47.893 €	48.611 €	49.340 €	50.080 €	50.832 €
Steuerberatung*	2.000 €	2.030 €	2.060 €	2.091 €	2.123 €	2.155 €	2.187 €	2.220 €	2.253 €	2.287 €	2.321 €
Grundstückspacht*	5.000 €	5.075 €	5.151 €	5.228 €	5.307 €	5.386 €	5.467 €	5.549 €	5.632 €	5.717 €	5.803 €
Sonstiges*	5.000 €	5.075 €	5.151 €	5.228 €	5.307 €	5.386 €	5.467 €	5.549 €	5.632 €	5.717 €	5.803 €
Auszahlungen	448.014 €	454.734 €	461.555 €	468.479 €	475.506 €	482.638 €	489.878 €	497.226 €	504.684 €	512.255 €	519.939 €
Differenz Ein-/Auszahlungen	-6.814 €	208.231 €	201.428 €	194.523 €	187.515 €	180.401 €	173.181 €	165.853 €	158.414 €	150.864 €	143.201 €

Jahr	11	12	13	14	15	16	17	18	19	20	GESAMT
Wirtschaftsjahr	*12*	*13*	*14*	*15*	*16*	*17*	*18*	*19*	*20*	*21*	
Strom- und Wärmevergütung	661.747 €	661.747 €	661.747 €	661.747 €	661.747 €	661.747 €	661.747 €	661.747 €	661.747 €	661.747 €	13.674.940 €
Substituiertes Heizöl Wohnhaus	1.414 €	1.435 €	1.456 €	1.478 €	1.500 €	1.523 €	1.546 €	1.569 €	1.592 €	1.616 €	29.365 €
Düngerersatzkostenwert	0 €	0 €	0 €	0 €	0 €	0 €	0 €	0 €	0 €	0 €	0 €
Einzahlungen	663.161 €	663.182 €	663.203 €	663.225 €	663.247 €	663.270 €	663.293 €	663.316 €	663.339 €	663.363 €	13.704.305 €
Wartung / Instand. *	10.130 €	10.282 €	10.437 €	10.593 €	10.752 €	10.913 €	11.077 €	11.243 €	11.412 €	11.583 €	210.446 €
Wartung / Instand. BHKW*	50.980 €	51.745 €	52.521 €	53.309 €	54.109 €	54.920 €	55.744 €	56.580 €	57.429 €	58.291 €	1.059.060 €
Haftpflichtversicherung*	11.779 €	11.956 €	12.136 €	12.318 €	12.502 €	12.690 €	12.880 €	13.073 €	13.270 €	13.469 €	244.705 €
Zündöl*	50.980 €	51.745 €	52.521 €	53.309 €	54.109 €	54.920 €	55.744 €	56.580 €	57.429 €	58.291 €	1.059.060 €
Ausbringungskosten*	22.235 €	22.568 €	22.907 €	23.251 €	23.599 €	23.953 €	24.313 €	24.677 €	25.048 €	25.423 €	461.906 €
Substrate*	301.767 €	306.293 €	310.888 €	315.551 €	320.284 €	325.089 €	329.965 €	334.915 €	339.938 €	345.037 €	6.268.858 €
Geschäftsführung*	14.135 €	14.347 €	14.563 €	14.781 €	15.003 €	15.228 €	15.456 €	15.688 €	15.923 €	16.162 €	293.646 €
Betriebsführung*	51.594 €	52.368 €	53.154 €	53.951 €	54.760 €	55.582 €	56.415 €	57.262 €	58.120 €	58.992 €	1.071.809 €
Steuerberatung*	2.356 €	2.391 €	2.427 €	2.464 €	2.500 €	2.538 €	2.576 €	2.615 €	2.654 €	2.694 €	48.941 €
Grundstückspacht*	5.890 €	5.978 €	6.068 €	6.159 €	6.251 €	6.345 €	6.440 €	6.537 €	6.635 €	6.734 €	122.353 €
Sonstiges*	5.890 €	5.978 €	6.068 €	6.159 €	6.251 €	6.345 €	6.440 €	6.537 €	6.635 €	6.734 €	122.353 €
Auszahlungen	527.738 €	535.654 €	543.688 €	551.844 €	560.121 €	568.523 €	577.051 €	585.707 €	594.493 €	603.410 €	10.963.136 €
Differenz Ein-/Auszahlungen	135.423 €	127.528 €	119.515 €	111.381 €	103.126 €	94.746 €	86.241 €	77.609 €	68.847 €	59.953 €	2.741.168 €

Anschaffungsauszahlung	-1.285.000 €
Ein-/Aus zu 8 %	1.416.022 €
Kapitalwert	131.022 €

* Steigerung mit 1,5%/ Jahr

Zu Kapitel 5.6.8.

Anlage 1.17

Jahr	Inbetriebnahme	1	2	3	4	5	6	7	8	9	10
Wirtschaftsjahr	*01*	*02*	*03*	*04*	*05*	*06*	*07*	*08*	*09*	*10*	*11*
Strom- und Wärmevergütung	440.000 €	661.747 €	661.747 €	661.747 €	661.747 €	661.747 €	661.747 €	661.747 €	661.747 €	661.747 €	661.747 €
Substituiertes Heizöl Wohnhaus	1.200 €	1.218 €	1.236 €	1.255 €	1.274 €	1.293 €	1.312 €	1.332 €	1.352 €	1.372 €	1.393 €
Düngerersatzkostenwert	0 €	0 €	0 €	0 €	0 €	0 €	0 €	0 €	0 €	0 €	0 €
Einzahlungen	441.200 €	662.965 €	662.983 €	663.002 €	663.021 €	663.040 €	663.059 €	663.079 €	663.099 €	663.119 €	663.140 €
Wartung / Instand. *	8.600 €	8.729 €	8.860 €	8.993 €	9.128 €	9.265 €	9.404 €	9.545 €	9.688 €	9.833 €	9.981 €
Wartung / Instand. BHKW*	43.279 €	43.928 €	44.587 €	45.256 €	45.935 €	46.624 €	47.323 €	48.033 €	48.753 €	49.485 €	50.227 €
Haftpflichtversicherung*	10.000 €	10.150 €	10.302 €	10.457 €	10.614 €	10.773 €	10.934 €	11.098 €	11.265 €	11.434 €	11.605 €
Zündöl*	43.279 €	43.928 €	44.587 €	45.256 €	45.935 €	46.624 €	47.323 €	48.033 €	48.753 €	49.485 €	50.227 €
Ausbringungskosten*	18.876 €	19.159 €	19.447 €	19.738 €	20.034 €	20.335 €	20.640 €	20.949 €	21.264 €	21.583 €	21.906 €
Substrate*	256.180 €	260.023 €	263.923 €	267.882 €	271.900 €	275.979 €	280.118 €	284.320 €	288.585 €	292.914 €	297.307 €
Geschäftsführung*	12.000 €	12.180 €	12.363 €	12.548 €	12.736 €	12.927 €	13.121 €	13.318 €	13.518 €	13.721 €	13.926 €
Betriebsführung*	43.800 €	44.457 €	45.124 €	45.801 €	46.488 €	47.185 €	47.893 €	48.611 €	49.340 €	50.080 €	50.832 €
Steuerberatung*	2.000 €	2.030 €	2.060 €	2.091 €	2.123 €	2.155 €	2.187 €	2.220 €	2.253 €	2.287 €	2.321 €
Grundstückspacht*	5.000 €	5.075 €	5.151 €	5.228 €	5.307 €	5.386 €	5.467 €	5.549 €	5.632 €	5.717 €	5.803 €
Sonstiges*	5.000 €	5.075 €	5.151 €	5.228 €	5.307 €	5.386 €	5.467 €	5.549 €	5.632 €	5.717 €	5.803 €
Auszahlungen	448.014 €	454.734 €	461.555 €	468.479 €	475.506 €	482.638 €	489.878 €	497.226 €	504.684 €	512.255 €	519.939 €
Differenz Ein-/Auszahlungen	**-6.814 €**	**208.231 €**	**201.428 €**	**194.523 €**	**187.515 €**	**180.401 €**	**173.181 €**	**165.853 €**	**158.414 €**	**150.864 €**	**143.201 €**

Jahr	11	12	13	14	15	16	17	18	19	20	GESAMT
Wirtschaftsjahr	*12*	*13*	*14*	*15*	*16*	*17*	*18*	*19*	*20*	*21*	
Strom- und Wärmevergütung	661.747 €	661.747 €	661.747 €	661.747 €	661.747 €	661.747 €	661.747 €	661.747 €	661.747 €	661.747 €	13.674.940 €
Substituiertes Heizöl Wohnhaus	1.414 €	1.435 €	1.456 €	1.478 €	1.500 €	1.523 €	1.546 €	1.569 €	1.592 €	1.616 €	29.365 €
Düngerersatzkostenwert	0 €	0 €	0 €	0 €	0 €	0 €	0 €	0 €	0 €	0 €	0 €
Einzahlungen	663.161 €	663.182 €	663.203 €	663.225 €	663.247 €	663.270 €	663.293 €	663.316 €	663.339 €	663.363 €	13.704.305 €
Wartung / Instand. *	10.130 €	10.282 €	10.437 €	10.593 €	10.752 €	10.913 €	11.077 €	11.243 €	11.412 €	11.583 €	210.446 €
Wartung / Instand. BHKW*	50.980 €	51.745 €	52.521 €	53.309 €	54.109 €	54.920 €	55.744 €	56.580 €	57.429 €	58.291 €	1.059.060 €
Haftpflichtversicherung*	11.779 €	11.956 €	12.136 €	12.318 €	12.502 €	12.690 €	12.880 €	13.073 €	13.270 €	13.469 €	244.705 €
Zündöl*	50.980 €	51.745 €	52.521 €	53.309 €	54.109 €	54.920 €	55.744 €	56.580 €	57.429 €	58.291 €	1.059.060 €
Ausbringungskosten*	22.235 €	22.568 €	22.907 €	23.251 €	23.599 €	23.953 €	24.313 €	24.677 €	25.048 €	25.423 €	461.906 €
Substrate*	301.767 €	306.293 €	310.888 €	315.551 €	320.284 €	325.089 €	329.965 €	334.915 €	339.938 €	345.037 €	6.268.858 €
Geschäftsführung*	14.135 €	14.347 €	14.563 €	14.781 €	15.003 €	15.228 €	15.456 €	15.688 €	15.923 €	16.162 €	293.646 €
Betriebsführung*	51.594 €	52.368 €	53.154 €	53.951 €	54.760 €	55.582 €	56.415 €	57.262 €	58.120 €	58.992 €	1.071.809 €
Steuerberatung*	2.356 €	2.391 €	2.427 €	2.464 €	2.500 €	2.538 €	2.576 €	2.615 €	2.654 €	2.694 €	48.941 €
Grundstückspacht*	5.890 €	5.978 €	6.068 €	6.159 €	6.251 €	6.345 €	6.440 €	6.537 €	6.635 €	6.734 €	122.353 €
Sonstiges*	5.890 €	5.978 €	6.068 €	6.159 €	6.251 €	6.345 €	6.440 €	6.537 €	6.635 €	6.734 €	122.353 €
Auszahlungen	527.738 €	535.654 €	543.688 €	551.844 €	560.121 €	568.523 €	577.051 €	585.707 €	594.493 €	603.410 €	10.963.136 €
Differenz Ein-/Auszahlungen	135.423 €	127.528 €	119.515 €	111.381 €	103.126 €	94.746 €	86.241 €	77.609 €	68.847 €	59.953 €	2.741.168 €

Anschaffungsauszahlung	-1.285.000 €
Ein-/Aus zu 10%	1.236.089 €
Kapitalwert	-48.911 €

* Steigerung mit 1,5% / Jahr

Zu Kapitel 5.6.8.

Anlage 2.1

Jahr	Inbetriebnahme	1	2	3	4	5	6	7	8	9	10
Wirtschaftsjahr	*01*	*02*	*03*	*04*	*05*	*06*	*07*	*08*	*09*	*10*	*11*
Überschussbeteiligung	20.679 €	20.679 €	20.679 €	20.679 €	20.679 €	20.679 €	20.679 €	20.679 €	20.679 €	20.679 €	20.679 €
Substituiertes Heizöl Wohnhaus*	1.200 €	1.218 €	1.236 €	1.255 €	1.274 €	1.293 €	1.312 €	1.332 €	1.352 €	1.372 €	1.393 €
Düngerersatzkostenwert	0 €	0 €	0 €	0 €	0 €	0 €	0 €	0 €	0 €	0 €	0 €
Grundstückspacht	8.000 €	8.000 €	8.000 €	8.000 €	8.000 €	8.000 €	8.000 €	8.000 €	8.000 €	8.000 €	8.000 €
Verdienst	8.000 €	8.000 €	8.000 €	8.000 €	8.000 €	8.000 €	8.000 €	8.000 €	8.000 €	8.000 €	8.000 €
Einzahlungen	37.879 €	37.897 €	37.915 €	37.934 €	37.953 €	37.972 €	37.991 €	38.011 €	38.031 €	38.051 €	38.072 €
Wartung / Instand.	0 €	0 €	0 €	0 €	0 €	0 €	0 €	0 €	0 €	0 €	0 €
Wartung / Instand. BHKW	0 €	0 €	0 €	0 €	0 €	0 €	0 €	0 €	0 €	0 €	0 €
Haftpflichtversicherung	0 €	0 €	0 €	0 €	0 €	0 €	0 €	0 €	0 €	0 €	0 €
Zündöl	0 €	0 €	0 €	0 €	0 €	0 €	0 €	0 €	0 €	0 €	0 €
Ausbringungskosten	18.876 €	18.876 €	18.876 €	18.876 €	18.876 €	18.876 €	18.876 €	18.876 €	18.876 €	18.876 €	18.876 €
Substrate	0 €	0 €	0 €	0 €	0 €	0 €	0 €	0 €	0 €	0 €	0 €
Geschäftsführung	0 €	0 €	0 €	0 €	0 €	0 €	0 €	0 €	0 €	0 €	0 €
Betriebsführung	43.800 €	43.800 €	43.800 €	43.800 €	43.800 €	43.800 €	43.800 €	43.800 €	43.800 €	43.800 €	43.800 €
Steuerberatung	0 €	0 €	0 €	0 €	0 €	0 €	0 €	0 €	0 €	0 €	0 €
Grundstückspacht	0 €	0 €	0 €	0 €	0 €	0 €	0 €	0 €	0 €	0 €	0 €
Sonstiges	0 €	0 €	0 €	0 €	0 €	0 €	0 €	0 €	0 €	0 €	0 €
Auszahlungen	62.676 €	62.676 €	62.676 €	62.676 €	62.676 €	62.676 €	62.676 €	62.676 €	62.676 €	62.676 €	62.676 €
Differenz Ein-/Auszahlungen	-24.797 €	-24.779 €	-24.761 €	-24.742 €	-24.723 €	-24.704 €	-24.685 €	-24.665 €	-24.645 €	-24.625 €	-24.604 €

Jahr	11	12	13	14	15	16	17	18	19	20	GESAMT
Wirtschaftsjahr	12	13	14	15	16	17	18	19	20	21	
Überschussbeteiligung	20.679 €	20.679 €	20.679 €	20.679 €	20.679 €	20.679 €	20.679 €	20.679 €	20.679 €	20.679 €	434.259 €
Substituiertes Heizöl Wohnhaus*	1.414 €	1.435 €	1.456 €	1.478 €	1.500 €	1.523 €	1.546 €	1.569 €	1.592 €	1.616 €	29.365 €
Düngerersatzkostenwert	0 €	0 €	0 €	0 €	0 €	0 €	0 €	0 €	0 €	0 €	0 €
Grundstückspacht	8.000 €	8.000 €	8.000 €	8.000 €	8.000 €	8.000 €	8.000 €	8.000 €	8.000 €	8.000 €	168.000 €
Verdienst	8.000 €	8.000 €	8.000 €	8.000 €	8.000 €	8.000 €	8.000 €	8.000 €	8.000 €	8.000 €	168.000 €
Einzahlungen	38.093 €	38.114 €	38.135 €	38.157 €	38.179 €	38.202 €	38.225 €	38.248 €	38.271 €	38.295 €	799.624 €
Wartung / Instand.	0 €	0 €	0 €	0 €	0 €	0 €	0 €	0 €	0 €	0 €	0 €
Wartung / Instand. BHKW	0 €	0 €	0 €	0 €	0 €	0 €	0 €	0 €	0 €	0 €	0 €
Haftpflichtversicherung	0 €	0 €	0 €	0 €	0 €	0 €	0 €	0 €	0 €	0 €	0 €
Zündöl	0 €	0 €	0 €	0 €	0 €	0 €	0 €	0 €	0 €	0 €	0 €
Ausbringungskosten	18.876 €	18.876 €	18.876 €	18.876 €	18.876 €	18.876 €	18.876 €	18.876 €	18.876 €	18.876 €	396.396 €
Substrate	0 €	0 €	0 €	0 €	0 €	0 €	0 €	0 €	0 €	0 €	0 €
Geschäftsführung	0 €	0 €	0 €	0 €	0 €	0 €	0 €	0 €	0 €	0 €	0 €
Betriebsführung	43.800 €	43.800 €	43.800 €	43.800 €	43.800 €	43.800 €	43.800 €	43.800 €	43.800 €	43.800 €	919.800 €
Steuerberatung	0 €	0 €	0 €	0 €	0 €	0 €	0 €	0 €	0 €	0 €	0 €
Grundstückspacht	0 €	0 €	0 €	0 €	0 €	0 €	0 €	0 €	0 €	0 €	0 €
Sonstiges	0 €	0 €	0 €	0 €	0 €	0 €	0 €	0 €	0 €	0 €	0 €
Auszahlungen	62.676 €	62.676 €	62.676 €	62.676 €	62.676 €	62.676 €	62.676 €	62.676 €	62.676 €	62.676 €	1.316.196 €
Differenz Ein-/Auszahlungen	-24.583 €	-24.562 €	-24.541 €	-24.519 €	-24.497 €	-24.474 €	-24.451 €	-24.428 €	-24.405 €	-24.381 €	-516.572 €

Anschaffungsauszahlung	6.425 €
Ein-/Aus zu 4,5%	-330.180 €
Kapitalwert	-323.755 €

* Steigerung mit 1,5% / Jahr

Zu Kapitel 6.3./6.4.

Anlage 2.2

Jahr	Inbetriebnahme	1	2	3	4	5	6	7	8	9	10
Wirtschaftsjahr	*01*	*02*	*03*	*04*	*05*	*06*	*07*	*08*	*09*	*10*	*11*
Überschussbeteiligung	41.359 €	41.359 €	41.359 €	41.359 €	41.359 €	41.359 €	41.359 €	41.359 €	41.359 €	41.359 €	41.359 €
Substituiertes Heizöl Wohnhaus *	1.200 €	1.218 €	1.236 €	1.255 €	1.274 €	1.293 €	1.312 €	1.332 €	1.352 €	1.372 €	1.393 €
Düngerersatzkostenwert	0 €	0 €	0 €	0 €	0 €	0 €	0 €	0 €	0 €	0 €	0 €
Grundstückspacht	8.000 €	8.000 €	8.000 €	8.000 €	8.000 €	8.000 €	8.000 €	8.000 €	8.000 €	8.000 €	8.000 €
Verdienst	8.000 €	8.000 €	8.000 €	8.000 €	8.000 €	8.000 €	8.000 €	8.000 €	8.000 €	8.000 €	8.000 €
Einzahlungen	58.559 €	58.577 €	58.595 €	58.614 €	58.633 €	58.652 €	58.671 €	58.691 €	58.711 €	58.731 €	58.752 €
Wartung / Instand.	0 €	0 €	0 €	0 €	0 €	0 €	0 €	0 €	0 €	0 €	0 €
Wartung / Instand. BHKW	0 €	0 €	0 €	0 €	0 €	0 €	0 €	0 €	0 €	0 €	0 €
Haftpflichtversicherung	0 €	0 €	0 €	0 €	0 €	0 €	0 €	0 €	0 €	0 €	0 €
Zündöl	0 €	0 €	0 €	0 €	0 €	0 €	0 €	0 €	0 €	0 €	0 €
Ausbringungskosten	18.876 €	18.876 €	18.876 €	18.876 €	18.876 €	18.876 €	18.876 €	18.876 €	18.876 €	18.876 €	18.876 €
Substrate	0 €	0 €	0 €	0 €	0 €	0 €	0 €	0 €	0 €	0 €	0 €
Geschäftsführung	0 €	0 €	0 €	0 €	0 €	0 €	0 €	0 €	0 €	0 €	0 €
Betriebsführung	43.800 €	43.800 €	43.800 €	43.800 €	43.800 €	43.800 €	43.800 €	43.800 €	43.800 €	43.800 €	43.800 €
Steuerberatung	0 €	0 €	0 €	0 €	0 €	0 €	0 €	0 €	0 €	0 €	0 €
Grundstückspacht	0 €	0 €	0 €	0 €	0 €	0 €	0 €	0 €	0 €	0 €	0 €
Sonstiges	0 €	0 €	0 €	0 €	0 €	0 €	0 €	0 €	0 €	0 €	0 €
Auszahlungen	62.676 €	62.676 €	62.676 €	62.676 €	62.676 €	62.676 €	62.676 €	62.676 €	62.676 €	62.676 €	62.676 €
Differenz Ein-/Auszahlungen	-4.117 €	-4.099 €	-4.081 €	-4.062 €	-4.043 €	-4.024 €	-4.005 €	-3.985 €	-3.965 €	-3.945 €	-3.924 €

Jahr	11	12	13	14	15	16	17	18	19	20	GESAMT
Wirtschaftsjahr	12	13	14	15	16	17	18	19	20	21	
Überschussbeteiligung	41.359 €	41.359 €	41.359 €	41.359 €	41.359 €	41.359 €	41.359 €	41.359 €	41.359 €	41.359 €	868.539 €
Substituiertes Heizöl Wohnhaus *	1.414 €	1.435 €	1.456 €	1.478 €	1.500 €	1.523 €	1.546 €	1.569 €	1.592 €	1.616 €	29.365 €
Düngerersatzkostenwert	0 €	0 €	0 €	0 €	0 €	0 €	0 €	0 €	0 €	0 €	0 €
Grundstückspacht	8.000 €	8.000 €	8.000 €	8.000 €	8.000 €	8.000 €	8.000 €	8.000 €	8.000 €	8.000 €	168.000 €
Verdienst	8.000 €	8.000 €	8.000 €	8.000 €	8.000 €	8.000 €	8.000 €	8.000 €	8.000 €	8.000 €	168.000 €
Einzahlungen	58.773 €	58.794 €	58.815 €	58.837 €	58.859 €	58.882 €	58.905 €	58.928 €	58.951 €	58.975 €	1.233.904 €
Wartung / Instand.	0 €	0 €	0 €	0 €	0 €	0 €	0 €	0 €	0 €	0 €	0 €
Wartung / Instand. BHKW	0 €	0 €	0 €	0 €	0 €	0 €	0 €	0 €	0 €	0 €	0 €
Haftpflichtversicherung	0 €	0 €	0 €	0 €	0 €	0 €	0 €	0 €	0 €	0 €	0 €
Zündöl	0 €	0 €	0 €	0 €	0 €	0 €	0 €	0 €	0 €	0 €	0 €
Ausbringungskosten	18.876 €	18.876 €	18.876 €	18.876 €	18.876 €	18.876 €	18.876 €	18.876 €	18.876 €	18.876 €	396.396 €
Substrate	0 €	0 €	0 €	0 €	0 €	0 €	0 €	0 €	0 €	0 €	0 €
Geschäftsführung	0 €	0 €	0 €	0 €	0 €	0 €	0 €	0 €	0 €	0 €	0 €
Betriebsführung	43.800 €	43.800 €	43.800 €	43.800 €	43.800 €	43.800 €	43.800 €	43.800 €	43.800 €	43.800 €	919.800 €
Steuerberatung	0 €	0 €	0 €	0 €	0 €	0 €	0 €	0 €	0 €	0 €	0 €
Grundstückspacht	0 €	0 €	0 €	0 €	0 €	0 €	0 €	0 €	0 €	0 €	0 €
Sonstiges	0 €	0 €	0 €	0 €	0 €	0 €	0 €	0 €	0 €	0 €	0 €
Auszahlungen	62.676 €	62.676 €	62.676 €	62.676 €	62.676 €	62.676 €	62.676 €	62.676 €	62.676 €	62.676 €	1.316.196 €
Differenz Ein-/Auszahlungen	-3.903 €	-3.882 €	-3.861 €	-3.839 €	-3.817 €	-3.794 €	-3.771 €	-3.748 €	-3.725 €	-3.701 €	-82.292 €

Anschaffungsauszahlung	6.425 €
Ein-/Aus zu 4,5%	-52.970 €
Kapitalwert	-46.545 €

* Steigerung mit 1,5% / Jahr

Zu Kapitel 6.5.1.

Anlage 2.3

Jahr	Inbetriebnahme	1	2	3	4	5	6	7	8	9	10
Wirtschaftsjahr	*01*	*02*	*03*	*04*	*05*	*06*	*07*	*08*	*09*	*10*	*11*
Überschussbeteiligung	49.630 €	49.630 €	49.630 €	49.630 €	49.630 €	49.630 €	49.630 €	49.630 €	49.630 €	49.630 €	49.630 €
Substituiertes Heizöl Wohnhaus*	1.200 €	1.218 €	1.236 €	1.255 €	1.274 €	1.293 €	1.312 €	1.332 €	1.352 €	1.372 €	1.393 €
Düngerersatzkostenwert	0 €	0 €	0 €	0 €	0 €	0 €	0 €	0 €	0 €	0 €	0 €
Grundstückspacht	8.000 €	8.000 €	8.000 €	8.000 €	8.000 €	8.000 €	8.000 €	8.000 €	8.000 €	8.000 €	8.000 €
Verdienst	8.000 €	8.000 €	8.000 €	8.000 €	8.000 €	8.000 €	8.000 €	8.000 €	8.000 €	8.000 €	8.000 €
Einzahlungen	66.830 €	66.848 €	66.866 €	66.885 €	66.904 €	66.923 €	66.942 €	66.962 €	66.982 €	67.002 €	67.023 €
Wartung / Instand.	0 €	0 €	0 €	0 €	0 €	0 €	0 €	0 €	0 €	0 €	0 €
Wartung / Instand. BHKW	0 €	0 €	0 €	0 €	0 €	0 €	0 €	0 €	0 €	0 €	0 €
Haftpflichtversicherung	0 €	0 €	0 €	0 €	0 €	0 €	0 €	0 €	0 €	0 €	0 €
Zündöl	0 €	0 €	0 €	0 €	0 €	0 €	0 €	0 €	0 €	0 €	0 €
Ausbringungskosten	18.876 €	18.876 €	18.876 €	18.876 €	18.876 €	18.876 €	18.876 €	18.876 €	18.876 €	18.876 €	18.876 €
Substrate	0 €	0 €	0 €	0 €	0 €	0 €	0 €	0 €	0 €	0 €	0 €
Geschäftsführung	0 €	0 €	0 €	0 €	0 €	0 €	0 €	0 €	0 €	0 €	0 €
Betriebsführung	43.800 €	43.800 €	43.800 €	43.800 €	43.800 €	43.800 €	43.800 €	43.800 €	43.800 €	43.800 €	43.800 €
Steuerberatung	0 €	0 €	0 €	0 €	0 €	0 €	0 €	0 €	0 €	0 €	0 €
Grundstückspacht	0 €	0 €	0 €	0 €	0 €	0 €	0 €	0 €	0 €	0 €	0 €
Sonstiges	0 €	0 €	0 €	0 €	0 €	0 €	0 €	0 €	0 €	0 €	0 €
Auszahlungen	62.676 €	62.676 €	62.676 €	62.676 €	62.676 €	62.676 €	62.676 €	62.676 €	62.676 €	62.676 €	62.676 €
Differenz Ein-/Auszahlungen	**4.154 €**	**4.172 €**	**4.190 €**	**4.209 €**	**4.228 €**	**4.247 €**	**4.266 €**	**4.286 €**	**4.306 €**	**4.326 €**	**4.347 €**

Jahr	11	12	13	14	15	16	17	18	19	20	GESAMT
Wirtschaftsjahr	*12*	*13*	*14*	*15*	*16*	*17*	*18*	*19*	*20*	*21*	
Überschussbeteiligung	49.630 €	49.630 €	49.630 €	49.630 €	49.630 €	49.630 €	49.630 €	49.630 €	49.630 €	49.630 €	1.042.230 €
Substituiertes Heizöl Wohnhaus*	1.414 €	1.435 €	1.456 €	1.478 €	1.500 €	1.523 €	1.546 €	1.569 €	1.592 €	1.616 €	29.365 €
Düngerersatzkostenwert	0 €	0 €	0 €	0 €	0 €	0 €	0 €	0 €	0 €	0 €	0 €
Grundstückspacht	8.000 €	8.000 €	8.000 €	8.000 €	8.000 €	8.000 €	8.000 €	8.000 €	8.000 €	8.000 €	168.000 €
Verdienst	8.000 €	8.000 €	8.000 €	8.000 €	8.000 €	8.000 €	8.000 €	8.000 €	8.000 €	8.000 €	168.000 €
Einzahlungen	67.044 €	67.065 €	67.086 €	67.108 €	67.130 €	67.153 €	67.176 €	67.199 €	67.222 €	67.246 €	1.407.595 €
Wartung / Instand.	0 €	0 €	0 €	0 €	0 €	0 €	0 €	0 €	0 €	0 €	0 €
Wartung / Instand. BHKW	0 €	0 €	0 €	0 €	0 €	0 €	0 €	0 €	0 €	0 €	0 €
Haftpflichtversicherung	0 €	0 €	0 €	0 €	0 €	0 €	0 €	0 €	0 €	0 €	0 €
Zündöl	0 €	0 €	0 €	0 €	0 €	0 €	0 €	0 €	0 €	0 €	0 €
Ausbringungskosten	18.876 €	18.876 €	18.876 €	18.876 €	18.876 €	18.876 €	18.876 €	18.876 €	18.876 €	18.876 €	396.396 €
Substrate	0 €	0 €	0 €	0 €	0 €	0 €	0 €	0 €	0 €	0 €	0 €
Geschäftsführung	0 €	0 €	0 €	0 €	0 €	0 €	0 €	0 €	0 €	0 €	0 €
Betriebsführung	43.800 €	43.800 €	43.800 €	43.800 €	43.800 €	43.800 €	43.800 €	43.800 €	43.800 €	43.800 €	919.800 €
Steuerberatung	0 €	0 €	0 €	0 €	0 €	0 €	0 €	0 €	0 €	0 €	0 €
Grundstückspacht	0 €	0 €	0 €	0 €	0 €	0 €	0 €	0 €	0 €	0 €	0 €
Sonstiges	0 €	0 €	0 €	0 €	0 €	0 €	0 €	0 €	0 €	0 €	0 €
Auszahlungen	62.676 €	62.676 €	62.676 €	62.676 €	62.676 €	62.676 €	62.676 €	62.676 €	62.676 €	62.676 €	1.316.196 €
Differenz Ein-/Auszahlungen	4.368 €	4.389 €	4.410 €	4.432 €	4.454 €	4.477 €	4.500 €	4.523 €	4.546 €	4.570 €	91.399 €

Anschaffungsauszahlung	6.425 €
Ein-/Aus zu 4,5%	57.900 €
Kapitalwert	64.325 €

* Steigerung mit 1,5% / Jahr

Zu Kapitel 6.5.1.

Anlage 2.4

Jahr	Inbetriebnahme	1	2	3	4	5	6	7	8	9	10
Wirtschaftsjahr	01	02	03	04	05	06	07	08	09	10	11
Überschussbeteiligung	20.679 €	20.679 €	20.679 €	20.679 €	20.679 €	20.679 €	20.679 €	20.679 €	20.679 €	20.679 €	20.679 €
Substituiertes Heizöl Wohnhaus*	1.200 €	1.218 €	1.236 €	1.255 €	1.274 €	1.293 €	1.312 €	1.332 €	1.352 €	1.372 €	1.393 €
Düngerersatzkostenwert	0 €	0 €	0 €	0 €	0 €	0 €	0 €	0 €	0 €	0 €	0 €
Grundstückspacht	8.000 €	8.000 €	8.000 €	8.000 €	8.000 €	8.000 €	8.000 €	8.000 €	8.000 €	8.000 €	8.000 €
Verdienst	20.850 €	20.850 €	20.850 €	20.850 €	20.850 €	20.850 €	20.850 €	20.850 €	20.850 €	20.850 €	20.850 €
Einzahlungen	50.729 €	50.747 €	50.765 €	50.784 €	50.803 €	50.822 €	50.841 €	50.861 €	50.881 €	50.901 €	50.922 €
Wartung / Instand.	0 €	0 €	0 €	0 €	0 €	0 €	0 €	0 €	0 €	0 €	0 €
Wartung / Instand. BHKW	0 €	0 €	0 €	0 €	0 €	0 €	0 €	0 €	0 €	0 €	0 €
Haftpflichtversicherung	0 €	0 €	0 €	0 €	0 €	0 €	0 €	0 €	0 €	0 €	0 €
Zündöl	0 €	0 €	0 €	0 €	0 €	0 €	0 €	0 €	0 €	0 €	0 €
Ausbringungskosten	18.876 €	18.876 €	18.876 €	18.876 €	18.876 €	18.876 €	18.876 €	18.876 €	18.876 €	18.876 €	18.876 €
Substrate	0 €	0 €	0 €	0 €	0 €	0 €	0 €	0 €	0 €	0 €	0 €
Geschäftsführung	0 €	0 €	0 €	0 €	0 €	0 €	0 €	0 €	0 €	0 €	0 €
Betriebsführung	43.800 €	43.800 €	43.800 €	43.800 €	43.800 €	43.800 €	43.800 €	43.800 €	43.800 €	43.800 €	43.800 €
Steuerberatung	0 €	0 €	0 €	0 €	0 €	0 €	0 €	0 €	0 €	0 €	0 €
Grundstückspacht	0 €	0 €	0 €	0 €	0 €	0 €	0 €	0 €	0 €	0 €	0 €
Sonstiges	0 €	0 €	0 €	0 €	0 €	0 €	0 €	0 €	0 €	0 €	0 €
Auszahlungen	62.676 €	62.676 €	62.676 €	62.676 €	62.676 €	62.676 €	62.676 €	62.676 €	62.676 €	62.676 €	62.676 €
Differenz Ein-/Auszahlungen	-11.947 €	-11.929 €	-11.911 €	-11.892 €	-11.873 €	-11.854 €	-11.835 €	-11.815 €	-11.795 €	-11.775 €	-11.754 €

Jahr	11	12	13	14	15	16	17	18	19	20	GESAMT
Wirtschaftsjahr	*12*	*13*	*14*	*15*	*16*	*17*	*18*	*19*	*20*	*21*	
Überschussbeteiligung	20.679 €	20.679 €	20.679 €	20.679 €	20.679 €	20.679 €	20.679 €	20.679 €	20.679 €	20.679 €	434.259 €
Substituiertes Heizöl Wohnhaus*	1.414 €	1.435 €	1.456 €	1.478 €	1.500 €	1.523 €	1.546 €	1.569 €	1.592 €	1.616 €	29.365 €
Düngerersatzkostenwert	0 €	0 €	0 €	0 €	0 €	0 €	0 €	0 €	0 €	0 €	0 €
Grundstückspacht	8.000 €	8.000 €	8.000 €	8.000 €	8.000 €	8.000 €	8.000 €	8.000 €	8.000 €	8.000 €	168.000 €
Verdienst	20.850 €	20.850 €	20.850 €	20.850 €	20.850 €	20.850 €	20.850 €	20.850 €	20.850 €	20.850 €	437.850 €
Einzahlungen	50.943 €	50.964 €	50.985 €	51.007 €	51.029 €	51.052 €	51.075 €	51.098 €	51.121 €	51.145 €	1.069.474 €
Wartung / Instand.	0 €	0 €	0 €	0 €	0 €	0 €	0 €	0 €	0 €	0 €	0 €
Wartung / Instand. BHKW	0 €	0 €	0 €	0 €	0 €	0 €	0 €	0 €	0 €	0 €	0 €
Haftpflichtversicherung	0 €	0 €	0 €	0 €	0 €	0 €	0 €	0 €	0 €	0 €	0 €
Zündöl	0 €	0 €	0 €	0 €	0 €	0 €	0 €	0 €	0 €	0 €	0 €
Ausbringungskosten	18.876 €	18.876 €	18.876 €	18.876 €	18.876 €	18.876 €	18.876 €	18.876 €	18.876 €	18.876 €	396.396 €
Substrate	0 €	0 €	0 €	0 €	0 €	0 €	0 €	0 €	0 €	0 €	0 €
Geschäftsführung	0 €	0 €	0 €	0 €	0 €	0 €	0 €	0 €	0 €	0 €	0 €
Betriebsführung	43.800 €	43.800 €	43.800 €	43.800 €	43.800 €	43.800 €	43.800 €	43.800 €	43.800 €	43.800 €	919.800 €
Steuerberatung	0 €	0 €	0 €	0 €	0 €	0 €	0 €	0 €	0 €	0 €	0 €
Grundstückspacht	0 €	0 €	0 €	0 €	0 €	0 €	0 €	0 €	0 €	0 €	0 €
Sonstiges	0 €	0 €	0 €	0 €	0 €	0 €	0 €	0 €	0 €	0 €	0 €
Auszahlungen	62.676 €	62.676 €	62.676 €	62.676 €	62.676 €	62.676 €	62.676 €	62.676 €	62.676 €	62.676 €	1.316.196 €
Differenz Ein-/Auszahlungen	-11.733 €	-11.712 €	-11.691 €	-11.669 €	-11.647 €	-11.624 €	-11.601 €	-11.578 €	-11.555 €	-11.531 €	-246.722 €

Anschaffungsauszahlung	6.425 €
Ein-/Aus zu 4,5%	-157.929 €
Kapitalwert	-151.504 €

* Steigerung mit 1,5% / Jahr

Zu Kapitel 6.5.2.

Anlage 2.5

Jahr	Inbetriebnahme	1	2	3	4	5	6	7	8	9	10
Wirtschaftsjahr	*01*	*02*	*03*	*04*	*05*	*06*	*07*	*08*	*09*	*10*	*11*
Überschussbeteiligung	20.679 €	20.679 €	20.679 €	20.679 €	20.679 €	20.679 €	20.679 €	20.679 €	20.679 €	20.679 €	20.679 €
Substituiertes Heizöl Wohnhaus*	1.200 €	1.218 €	1.236 €	1.255 €	1.274 €	1.293 €	1.312 €	1.332 €	1.352 €	1.372 €	1.393 €
Düngerersatzkostenwert	0 €	0 €	0 €	0 €	0 €	0 €	0 €	0 €	0 €	0 €	0 €
Grundstückspacht	8.000 €	8.000 €	8.000 €	8.000 €	8.000 €	8.000 €	8.000 €	8.000 €	8.000 €	8.000 €	8.000 €
Verdienst	33.410 €	33.410 €	33.410 €	33.410 €	33.410 €	33.410 €	33.410 €	33.410 €	33.410 €	33.410 €	33.410 €
Einzahlungen	63.289 €	63.307 €	63.325 €	63.344 €	63.363 €	63.382 €	63.401 €	63.421 €	63.441 €	63.461 €	63.482 €
Wartung / Instand.	0 €	0 €	0 €	0 €	0 €	0 €	0 €	0 €	0 €	0 €	0 €
Wartung / Instand. BHKW	0 €	0 €	0 €	0 €	0 €	0 €	0 €	0 €	0 €	0 €	0 €
Haftpflichtversicherung	0 €	0 €	0 €	0 €	0 €	0 €	0 €	0 €	0 €	0 €	0 €
Zündöl	0 €	0 €	0 €	0 €	0 €	0 €	0 €	0 €	0 €	0 €	0 €
Ausbringungskosten	18.876 €	18.876 €	18.876 €	18.876 €	18.876 €	18.876 €	18.876 €	18.876 €	18.876 €	18.876 €	18.876 €
Substrate	0 €	0 €	0 €	0 €	0 €	0 €	0 €	0 €	0 €	0 €	0 €
Geschäftsführung	0 €	0 €	0 €	0 €	0 €	0 €	0 €	0 €	0 €	0 €	0 €
Betriebsführung	43.800 €	43.800 €	43.800 €	43.800 €	43.800 €	43.800 €	43.800 €	43.800 €	43.800 €	43.800 €	43.800 €
Steuerberatung	0 €	0 €	0 €	0 €	0 €	0 €	0 €	0 €	0 €	0 €	0 €
Grundstückspacht	0 €	0 €	0 €	0 €	0 €	0 €	0 €	0 €	0 €	0 €	0 €
Sonstiges	0 €	0 €	0 €	0 €	0 €	0 €	0 €	0 €	0 €	0 €	0 €
Auszahlungen	62.676 €	62.676 €	62.676 €	62.676 €	62.676 €	62.676 €	62.676 €	62.676 €	62.676 €	62.676 €	62.676 €
Differenz Ein-/Auszahlungen	613 €	631 €	649 €	669 €	687 €	706 €	725 €	745 €	765 €	785 €	806 €

Jahr	11	12	13	14	15	16	17	18	19	20	GESAMT
Wirtschaftsjahr	*12*	*13*	*14*	*15*	*16*	*17*	*18*	*19*	*20*	*21*	
Überschussbeteiligung	20.679 €	20.679 €	20.679 €	20.679 €	20.679 €	20.679 €	20.679 €	20.679 €	20.679 €	20.679 €	434.259 €
Substituiertes Heizöl Wohnhaus*	1.414 €	1.435 €	1.456 €	1.478 €	1.500 €	1.523 €	1.546 €	1.569 €	1.592 €	1.616 €	29.365 €
Düngerersatzkostenwert	0 €	0 €	0 €	0 €	0 €	0 €	0 €	0 €	0 €	0 €	0 €
Grundstückspacht	8.000 €	8.000 €	8.000 €	8.000 €	8.000 €	8.000 €	8.000 €	8.000 €	8.000 €	8.000 €	168.000 €
Verdienst	33.410 €	33.410 €	33.410 €	33.410 €	33.410 €	33.410 €	33.410 €	33.410 €	33.410 €	33.410 €	701.610 €
Einzahlungen	63.503 €	63.524 €	63.545 €	63.567 €	63.589 €	63.612 €	63.635 €	63.658 €	63.681 €	63.705 €	1.333.234 €
Wartung / Instand.	0 €	0 €	0 €	0 €	0 €	0 €	0 €	0 €	0 €	0 €	0 €
Wartung / Instand. BHKW	0 €	0 €	0 €	0 €	0 €	0 €	0 €	0 €	0 €	0 €	0 €
Haftpflichtversicherung	0 €	0 €	0 €	0 €	0 €	0 €	0 €	0 €	0 €	0 €	0 €
Zündöl	0 €	0 €	0 €	0 €	0 €	0 €	0 €	0 €	0 €	0 €	0 €
Ausbringungskosten	18.876 €	18.876 €	18.876 €	18.876 €	18.876 €	18.876 €	18.876 €	18.876 €	18.876 €	18.876 €	396.396 €
Substrate	0 €	0 €	0 €	0 €	0 €	0 €	0 €	0 €	0 €	0 €	0 €
Geschäftsführung	0 €	0 €	0 €	0 €	0 €	0 €	0 €	0 €	0 €	0 €	0 €
Betriebsführung	43.800 €	43.800 €	43.800 €	43.800 €	43.800 €	43.800 €	43.800 €	43.800 €	43.800 €	43.800 €	919.800 €
Steuerberatung	0 €	0 €	0 €	0 €	0 €	0 €	0 €	0 €	0 €	0 €	0 €
Grundstückspacht	0 €	0 €	0 €	0 €	0 €	0 €	0 €	0 €	0 €	0 €	0 €
Sonstiges	0 €	0 €	0 €	0 €	0 €	0 €	0 €	0 €	0 €	0 €	0 €
Auszahlungen	62.676 €	62.676 €	62.676 €	62.676 €	62.676 €	62.676 €	62.676 €	62.676 €	62.676 €	62.676 €	1.316.196 €
Differenz Ein-/Auszahlungen	827 €	848 €	869 €	891 €	913 €	936 €	959 €	982 €	1.005 €	1.029 €	17.038 €

Anschaffungsauszahlung	6.425 €
Ein-/Aus zu 4,5%	10.434 €
Kapitalwert	16.859 €

* Steigerung mit 1,5% / Jahr

Zu Kapitel 6.5.2.

Anlage 3.1

Jahr	Inbetriebnahme	1	2	3	4	5	6	7	8	9	10
Wirtschaftsjahr	01	02	03	04	05	06	07	08	09	10	11
Stromvergütung	1.449.705 €	2.071.008 €	2.071.008 €	2.071.008 €	2.071.008 €	2.071.008 €	2.071.008 €	2.071.008 €	2.071.008 €	2.071.008 €	2.071.008 €
Substituiertes Heizöl Wohnhaus	0 €	0 €	0 €	0 €	0 €	0 €	0 €	0 €	0 €	0 €	0 €
Düngerersatzkostenwert	0 €	0 €	0 €	0 €	0 €	0 €	0 €	0 €	0 €	0 €	0 €
Einzahlungen	1.449.705 €	2.071.008 €	2.071.008 €	2.071.008 €	2.071.008 €	2.071.008 €	2.071.008 €	2.071.008 €	2.071.008 €	2.071.008 €	2.071.008 €
Wartung / Instand. *	31.272 €	31.741 €	32.217 €	32.700 €	33.191 €	33.689 €	34.194 €	34.707 €	35.228 €	35.756 €	36.292 €
Wartung / Instand. BHKW*	157.378 €	159.739 €	162.135 €	164.567 €	167.035 €	169.541 €	172.084 €	174.665 €	177.285 €	179.944 €	182.644 €
Haftpflichtversicherung*	40.000 €	40.600 €	41.209 €	41.827 €	42.455 €	43.091 €	43.738 €	44.394 €	45.060 €	45.736 €	46.422 €
Zündöl*	0 €	0 €	0 €	0 €	0 €	0 €	0 €	0 €	0 €	0 €	0 €
Ausbringungskosten*	68.640 €	69.670 €	70.715 €	71.775 €	72.852 €	73.945 €	75.054 €	76.180 €	77.322 €	78.482 €	79.660 €
Substrate*	931.520 €	945.493 €	959.675 €	974.070 €	988.681 €	1.003.512 €	1.018.564 €	1.033.843 €	1.049.350 €	1.065.091 €	1.081.067 €
Geschäftsführung*	12.000 €	12.180 €	12.363 €	12.548 €	12.736 €	12.927 €	13.121 €	13.318 €	13.518 €	13.721 €	13.926 €
Betriebsführung*	88.000 €	89.320 €	90.660 €	92.020 €	93.400 €	94.801 €	96.223 €	97.666 €	99.131 €	100.618 €	102.128 €
Steuerberatung*	8.000 €	8.120 €	8.242 €	8.365 €	8.491 €	8.618 €	8.748 €	8.879 €	9.012 €	9.147 €	9.284 €
Grundstückspacht*	15.000 €	15.225 €	15.453 €	15.685 €	15.920 €	16.159 €	16.402 €	16.648 €	16.897 €	17.151 €	17.408 €
Sonstiges*	20.000 €	20.300 €	20.605 €	20.914 €	21.227 €	21.546 €	21.869 €	22.197 €	22.530 €	22.868 €	23.211 €
Auszahlungen	1.371.810 €	1.392.387 €	1.413.273 €	1.434.472 €	1.455.989 €	1.477.829 €	1.499.996 €	1.522.496 €	1.545.334 €	1.568.514 €	1.592.042 €
Differenz Ein-/Auszahlungen	77.895 €	678.621 €	657.735 €	636.536 €	615.019 €	593.179 €	571.012 €	548.512 €	525.674 €	502.494 €	478.966 €

Jahr	11	12	13	14	15	16	17	18	19	20	GESAMT
Wirtschaftsjahr	*12*	*13*	*14*	*15*	*16*	*17*	*18*	*19*	*20*	*21*	
Stromvergütung	2.071.008 €	2.071.008 €	2.071.008 €	2.071.008 €	2.071.008 €	2.071.008 €	2.071.008 €	2.071.008 €	2.071.008 €	2.071.008 €	42.869.865 €
Substituiertes Heizöl Wohnhaus	0 €	0 €	0 €	0 €	0 €	0 €	0 €	0 €	0 €	0 €	0 €
Düngerersatzkostenwert	0 €	0 €	0 €	0 €	0 €	0 €	0 €	0 €	0 €	0 €	0 €
Einzahlungen	2.071.008 €	2.071.008 €	2.071.008 €	2.071.008 €	2.071.008 €	2.071.008 €	2.071.008 €	2.071.008 €	2.071.008 €	2.071.008 €	42.869.865 €
Wartung / Instand. *	36.837 €	37.389 €	37.950 €	38.519 €	39.097 €	39.684 €	40.279 €	40.883 €	41.496 €	42.119 €	765.242 €
Wartung / Instand. BHKW*	185.383 €	188.164 €	190.986 €	193.851 €	196.759 €	199.710 €	202.706 €	205.747 €	208.833 €	211.965 €	3.851.122 €
Haftpflichtversicherung*	47.118 €	47.825 €	48.542 €	49.270 €	50.009 €	50.759 €	51.521 €	52.294 €	53.078 €	53.874 €	978.821 €
Zündöl*	0 €	0 €	0 €	0 €	0 €	0 €	0 €	0 €	0 €	0 €	0 €
Ausbringungskosten*	80.854 €	82.067 €	83.298 €	84.548 €	85.816 €	87.103 €	88.410 €	89.736 €	91.082 €	92.448 €	1.679.657 €
Substrate*	1.097.283 €	1.113.742 €	1.130.448 €	1.147.405 €	1.164.616 €	1.182.085 €	1.199.817 €	1.217.814 €	1.236.081 €	1.254.622 €	22.794.781 €
Geschäftsführung*	14.135 €	14.347 €	14.563 €	14.781 €	15.003 €	15.228 €	15.456 €	15.688 €	15.923 €	16.162 €	293.646 €
Betriebsführung*	103.660 €	105.214 €	106.793 €	108.395 €	110.020 €	111.671 €	113.346 €	115.046 €	116.772 €	118.523 €	2.153.406 €
Steuerberatung*	9.424 €	9.565 €	9.708 €	9.854 €	10.002 €	10.152 €	10.304 €	10.459 €	10.616 €	10.775 €	195.764 €
Grundstückspacht*	17.669 €	17.934 €	18.203 €	18.476 €	18.753 €	19.035 €	19.320 €	19.610 €	19.904 €	20.203 €	367.058 €
Sonstiges*	23.559 €	23.912 €	24.271 €	24.635 €	25.005 €	25.380 €	25.760 €	26.147 €	26.539 €	26.937 €	489.410 €
Auszahlungen	1.615.922 €	1.640.161 €	1.664.763 €	1.689.735 €	1.715.081 €	1.740.807 €	1.766.919 €	1.793.423 €	1.820.324 €	1.847.629 €	33.568.907 €
Differenz Ein-/Auszahlungen	455.086 €	430.847 €	406.245 €	381.273 €	355.927 €	330.201 €	304.089 €	277.585 €	250.684 €	223.379 €	9.300.958 €

Anschaffungsauszahlung	-4.298.000 €
Ein-/Aus zu 9,9 %	4.216.558 €
Kapitalwert	-81.442 €

* Steigerung mit 1,5% / Jahr

Zu Kapitel 7.3./7.4.

Anlage 3.2

Jahr	Inbetriebnahme	1	2	3	4	5	6	7	8	9	10
Wirtschaftsjahr	01	02	03	04	05	06	07	08	09	10	11
Stromvergütung	1.449.705 €	2.071.008 €	2.071.008 €	2.071.008 €	2.071.008 €	2.071.008 €	2.071.008 €	2.071.008 €	2.071.008 €	2.071.008 €	2.071.008 €
Substituiertes Heizöl Wohnhaus	0 €	0 €	0 €	0 €	0 €	0 €	0 €	0 €	0 €	0 €	0 €
Düngerersatzkostenwert	0 €	0 €	0 €	0 €	0 €	0 €	0 €	0 €	0 €	0 €	0 €
Einzahlungen	1.449.705 €	2.071.008 €	2.071.008 €	2.071.008 €	2.071.008 €	2.071.008 €	2.071.008 €	2.071.008 €	2.071.008 €	2.071.008 €	2.071.008 €
Wartung / Instand. *	31.272 €	31.741 €	32.217 €	32.700 €	33.191 €	33.689 €	34.194 €	34.707 €	35.228 €	35.756 €	36.292 €
Wartung / Instand. BHKW*	157.378 €	159.739 €	162.135 €	164.567 €	167.035 €	169.541 €	172.084 €	174.665 €	177.285 €	179.944 €	182.644 €
Haftpflichtversicherung*	40.000 €	40.600 €	41.209 €	41.827 €	42.455 €	43.091 €	43.738 €	44.394 €	45.060 €	45.736 €	46.422 €
Zündöl*	0 €	0 €	0 €	0 €	0 €	0 €	0 €	0 €	0 €	0 €	0 €
Ausbringungskosten*	68.640 €	69.670 €	70.715 €	71.775 €	72.852 €	73.945 €	75.054 €	76.180 €	77.322 €	78.482 €	79.660 €
Substrate*	926.863 €	940.766 €	954.877 €	969.201 €	983.739 €	998.495 €	1.013.472 €	1.028.674 €	1.044.104 €	1.059.766 €	1.075.662 €
Geschäftsführung*	12.000 €	12.180 €	12.363 €	12.548 €	12.736 €	12.927 €	13.121 €	13.318 €	13.518 €	13.721 €	13.926 €
Betriebsführung*	88.000 €	89.320 €	90.660 €	92.020 €	93.400 €	94.801 €	96.223 €	97.666 €	99.131 €	100.618 €	102.128 €
Steuerberatung*	8.000 €	8.120 €	8.242 €	8.365 €	8.491 €	8.618 €	8.748 €	8.879 €	9.012 €	9.147 €	9.284 €
Grundstückspacht*	15.000 €	15.225 €	15.453 €	15.685 €	15.920 €	16.159 €	16.402 €	16.648 €	16.897 €	17.151 €	17.408 €
Sonstiges*	20.000 €	20.300 €	20.605 €	20.914 €	21.227 €	21.546 €	21.869 €	22.197 €	22.530 €	22.868 €	23.211 €
Auszahlungen	1.367.153 €	1.387.660 €	1.408.475 €	1.429.602 €	1.451.046 €	1.472.812 €	1.494.904 €	1.517.328 €	1.540.088 €	1.563.189 €	1.586.637 €
Differenz Ein-/Auszahlungen	82.552 €	683.348 €	662.533 €	641.406 €	619.962 €	598.196 €	576.104 €	553.680 €	530.920 €	507.819 €	484.371 €

Jahr	11	12	13	14	15	16	17	18	19	20	GESAMT
Wirtschaftsjahr	*12*	*13*	*14*	*15*	*16*	*17*	*18*	*19*	*20*	*21*	
Stromvergütung	2.071.008 €	2.071.008 €	2.071.008 €	2.071.008 €	2.071.008 €	2.071.008 €	2.071.008 €	2.071.008 €	2.071.008 €	2.071.008 €	42.869.865 €
Substituiertes Heizöl Wohnhaus	0 €	0 €	0 €	0 €	0 €	0 €	0 €	0 €	0 €	0 €	0 €
Düngerersatzkostenwert	0 €	0 €	0 €	0 €	0 €	0 €	0 €	0 €	0 €	0 €	0 €
Einzahlungen	2.071.008 €	2.071.008 €	2.071.008 €	2.071.008 €	2.071.008 €	2.071.008 €	2.071.008 €	2.071.008 €	2.071.008 €	2.071.008 €	42.869.865 €
Wartung / Instand. *	36.837 €	37.389 €	37.950 €	38.519 €	39.097 €	39.684 €	40.279 €	40.883 €	41.496 €	42.119 €	765.242 €
Wartung / Instand. BHKW*	185.383 €	188.164 €	190.986 €	193.851 €	196.759 €	199.710 €	202.706 €	205.747 €	208.833 €	211.965 €	3.851.122 €
Haftpflichtversicherung*	47.118 €	47.825 €	48.542 €	49.270 €	50.009 €	50.759 €	51.521 €	52.294 €	53.078 €	53.874 €	978.821 €
Zündöl*	0 €	0 €	0 €	0 €	0 €	0 €	0 €	0 €	0 €	0 €	0 €
Ausbringungskosten*	80.854 €	82.067 €	83.298 €	84.548 €	85.816 €	87.103 €	88.410 €	89.736 €	91.082 €	92.448 €	1.679.657 €
Substrate*	1.091.797 €	1.108.174 €	1.124.797 €	1.141.669 €	1.158.794 €	1.176.176 €	1.193.818 €	1.211.726 €	1.229.902 €	1.248.350 €	22.680.822 €
Geschäftsführung*	14.135 €	14.347 €	14.563 €	14.781 €	15.003 €	15.228 €	15.456 €	15.688 €	15.923 €	16.162 €	293.646 €
Betriebsführung*	103.660 €	105.214 €	106.793 €	108.395 €	110.020 €	111.671 €	113.346 €	115.046 €	116.772 €	118.523 €	2.153.406 €
Steuerberatung*	9.424 €	9.565 €	9.708 €	9.854 €	10.002 €	10.152 €	10.304 €	10.459 €	10.616 €	10.775 €	195.764 €
Grundstückspacht*	17.669 €	17.934 €	18.203 €	18.476 €	18.753 €	19.035 €	19.320 €	19.610 €	19.904 €	20.203 €	367.058 €
Sonstiges*	23.559 €	23.912 €	24.271 €	24.635 €	25.005 €	25.380 €	25.760 €	26.147 €	26.539 €	26.937 €	489.410 €
Auszahlungen	1.610.436 €	1.634.593 €	1.659.112 €	1.683.999 €	1.709.259 €	1.734.897 €	1.760.921 €	1.787.335 €	1.814.145 €	1.841.357 €	33.454.948 €
Differenz Ein-/Auszahlungen	460.572 €	436.415 €	411.896 €	387.009 €	361.749 €	336.111 €	310.087 €	283.673 €	256.863 €	229.651 €	9.414.917 €

Anschaffungsauszahlung   -4.298.000 €
Ein-/Aus zu 9,9 %   4.261.559 €
Kapitalwert   -36.441 €

* Steigerung mit 1,5% / Jahr

Zu Kapitel 7.5.1.

Anlage 3.3

Jahr	Inbetriebnahme	1	2	3	4	5	6	7	8	9	10
Wirtschaftsjahr	*01*	*02*	*03*	*04*	*05*	*06*	*07*	*08*	*09*	*10*	*11*
Stromvergütung	1.449.705 €	2.071.008 €	2.071.008 €	2.071.008 €	2.071.008 €	2.071.008 €	2.071.008 €	2.071.008 €	2.071.008 €	2.071.008 €	2.071.008 €
Substituiertes Heizöl Wohnhaus	0 €	0 €	0 €	0 €	0 €	0 €	0 €	0 €	0 €	0 €	0 €
Düngerersatzkostenwert	0 €	0 €	0 €	0 €	0 €	0 €	0 €	0 €	0 €	0 €	0 €
Einzahlungen	1.449.705 €	2.071.008 €	2.071.008 €	2.071.008 €	2.071.008 €	2.071.008 €	2.071.008 €	2.071.008 €	2.071.008 €	2.071.008 €	2.071.008 €
Wartung / Instand. *	31.272 €	31.741 €	32.217 €	32.700 €	33.191 €	33.689 €	34.194 €	34.707 €	35.228 €	35.756 €	36.292 €
Wartung / Instand. BHKW*	157.378 €	159.739 €	162.135 €	164.567 €	167.035 €	169.541 €	172.084 €	174.665 €	177.285 €	179.944 €	182.644 €
Haftpflichtversicherung*	40.000 €	40.600 €	41.209 €	41.827 €	42.455 €	43.091 €	43.738 €	44.394 €	45.060 €	45.736 €	46.422 €
Zündöl*	0 €	0 €	0 €	0 €	0 €	0 €	0 €	0 €	0 €	0 €	0 €
Ausbringungskosten*	68.640 €	69.670 €	70.715 €	71.775 €	72.852 €	73.945 €	75.054 €	76.180 €	77.322 €	78.482 €	79.660 €
Substrate*	922.205 €	936.038 €	950.079 €	964.330 €	978.795 €	993.477 €	1.008.379 €	1.023.505 €	1.038.857 €	1.054.440 €	1.070.257 €
Geschäftsführung*	12.000 €	12.180 €	12.363 €	12.548 €	12.736 €	12.927 €	13.121 €	13.318 €	13.518 €	13.721 €	13.926 €
Betriebsführung*	88.000 €	89.320 €	90.660 €	92.020 €	93.400 €	94.801 €	96.223 €	97.666 €	99.131 €	100.618 €	102.128 €
Steuerberatung*	8.000 €	8.120 €	8.242 €	8.365 €	8.491 €	8.618 €	8.748 €	8.879 €	9.012 €	9.147 €	9.284 €
Grundstückspacht*	15.000 €	15.225 €	15.453 €	15.685 €	15.920 €	16.159 €	16.402 €	16.648 €	16.897 €	17.151 €	17.408 €
Sonstiges*	20.000 €	20.300 €	20.605 €	20.914 €	21.227 €	21.546 €	21.869 €	22.197 €	22.530 €	22.868 €	23.211 €
Auszahlungen	1.362.495 €	1.382.932 €	1.403.676 €	1.424.732 €	1.446.103 €	1.467.794 €	1.489.811 €	1.512.158 €	1.534.841 €	1.557.863 €	1.581.231 €
Differenz Ein-/Auszahlungen	87.210 €	688.076 €	667.332 €	646.276 €	624.905 €	603.214 €	581.197 €	558.850 €	536.167 €	513.145 €	489.777 €

Jahr	11	12	13	14	15	16	17	18	19	20	GESAMT
Wirtschaftsjahr	12	13	14	15	16	17	18	19	20	21	
Stromvergütung	2.071.008 €	2.071.008 €	2.071.008 €	2.071.008 €	2.071.008 €	2.071.008 €	2.071.008 €	2.071.008 €	2.071.008 €	2.071.008 €	42.869.865 €
Substituiertes Heizöl Wohnhaus	0 €	0 €	0 €	0 €	0 €	0 €	0 €	0 €	0 €	0 €	0 €
Düngerersatzkostenwert	0 €	0 €	0 €	0 €	0 €	0 €	0 €	0 €	0 €	0 €	0 €
Einzahlungen	2.071.008 €	2.071.008 €	2.071.008 €	2.071.008 €	2.071.008 €	2.071.008 €	2.071.008 €	2.071.008 €	2.071.008 €	2.071.008 €	42.869.865 €
Wartung / Instand. *	36.837 €	37.389 €	37.950 €	38.519 €	39.097 €	39.684 €	40.279 €	40.883 €	41.496 €	42.119 €	765.242 €
Wartung / Instand. BHKW*	185.383 €	188.164 €	190.986 €	193.851 €	196.759 €	199.710 €	202.706 €	205.747 €	208.833 €	211.965 €	3.851.122 €
Haftpflichtversicherung*	47.118 €	47.825 €	48.542 €	49.270 €	50.009 €	50.759 €	51.521 €	52.294 €	53.078 €	53.874 €	978.821 €
Zündöl*	0 €	0 €	0 €	0 €	0 €	0 €	0 €	0 €	0 €	0 €	0 €
Ausbringungskosten*	80.854 €	82.067 €	83.298 €	84.548 €	85.816 €	87.103 €	88.410 €	89.736 €	91.082 €	92.448 €	1.679.657 €
Substrate*	1.086.310 €	1.102.605 €	1.119.144 €	1.135.931 €	1.152.970 €	1.170.265 €	1.187.819 €	1.205.636 €	1.223.721 €	1.242.076 €	22.566.838 €
Geschäftsführung*	14.135 €	14.347 €	14.563 €	14.781 €	15.003 €	15.228 €	15.456 €	15.688 €	15.923 €	16.162 €	293.646 €
Betriebsführung*	103.660 €	105.214 €	106.793 €	108.395 €	110.020 €	111.671 €	113.346 €	115.046 €	116.772 €	118.523 €	2.153.406 €
Steuerberatung*	9.424 €	9.565 €	9.708 €	9.854 €	10.002 €	10.152 €	10.304 €	10.459 €	10.616 €	10.775 €	195.764 €
Grundstückspacht*	17.669 €	17.934 €	18.203 €	18.476 €	18.753 €	19.035 €	19.320 €	19.610 €	19.904 €	20.203 €	367.058 €
Sonstiges*	23.559 €	23.912 €	24.271 €	24.635 €	25.005 €	25.380 €	25.760 €	26.147 €	26.539 €	26.937 €	489.410 €
Auszahlungen	1.604.950 €	1.629.024 €	1.653.459 €	1.678.261 €	1.703.435 €	1.728.986 €	1.754.921 €	1.781.245 €	1.807.964 €	1.835.083 €	33.340.964 €
Differenz Ein-/Auszahlungen	466.058 €	441.984 €	417.549 €	392.747 €	367.573 €	342.022 €	316.087 €	289.763 €	263.044 €	235.925 €	9.528.901 €

Anschaffungsauszahlung	-4.298.000 €
Ein-/Aus zu 9,9 %	4.306.570 €
Kapitalwert	8.570 €

* Steigerung mit 1,5% / Jahr

Zu Kapitel 7.5.1.

Anlage 3.4

Jahr	Inbetriebnahme	1	2	3	4	5	6	7	8	9	10
Wirtschaftsjahr	01	02	03	04	05	06	07	08	09	10	11
Stromvergütung	1.449.705 €	2.071.008 €	2.071.008 €	2.071.008 €	2.071.008 €	2.071.008 €	2.071.008 €	2.071.008 €	2.071.008 €	2.071.008 €	2.071.008 €
Substituiertes Heizöl Wohnhaus	0 €	0 €	0 €	0 €	0 €	0 €	0 €	0 €	0 €	0 €	0 €
Düngerersatzkostenwert	0 €	0 €	0 €	0 €	0 €	0 €	0 €	0 €	0 €	0 €	0 €
Einzahlungen	1.449.705 €	2.071.008 €	2.071.008 €	2.071.008 €	2.071.008 €	2.071.008 €	2.071.008 €	2.071.008 €	2.071.008 €	2.071.008 €	2.071.008 €
Wartung / Instand. *	31.272 €	31.741 €	32.217 €	32.700 €	33.191 €	33.689 €	34.194 €	34.707 €	35.228 €	35.756 €	36.292 €
Wartung / Instand. BHKW*	157.378 €	159.739 €	162.135 €	164.567 €	167.035 €	169.541 €	172.084 €	174.665 €	177.285 €	179.944 €	182.644 €
Haftpflichtversicherung*	40.000 €	40.600 €	41.209 €	41.827 €	42.455 €	43.091 €	43.738 €	44.394 €	45.060 €	45.736 €	46.422 €
Zündöl*	0 €	0 €	0 €	0 €	0 €	0 €	0 €	0 €	0 €	0 €	0 €
Ausbringungskosten*	68.640 €	69.670 €	70.715 €	71.775 €	72.852 €	73.945 €	75.054 €	76.180 €	77.322 €	78.482 €	79.660 €
Substrate*	931.520 €	945.493 €	959.675 €	974.070 €	988.681 €	1.003.512 €	1.018.564 €	1.033.843 €	1.049.350 €	1.065.091 €	1.081.067 €
Geschäftsführung*	12.000 €	12.180 €	12.363 €	12.548 €	12.736 €	12.927 €	13.121 €	13.318 €	13.518 €	13.721 €	13.926 €
Betriebsführung*	88.000 €	89.320 €	90.660 €	92.020 €	93.400 €	94.801 €	96.223 €	97.666 €	99.131 €	100.618 €	102.128 €
Steuerberatung*	8.000 €	8.120 €	8.242 €	8.365 €	8.491 €	8.618 €	8.748 €	8.879 €	9.012 €	9.147 €	9.284 €
Grundstückspacht*	15.000 €	15.225 €	15.453 €	15.685 €	15.920 €	16.159 €	16.402 €	16.648 €	16.897 €	17.151 €	17.408 €
Sonstiges*	20.000 €	20.300 €	20.605 €	20.914 €	21.227 €	21.546 €	21.869 €	22.197 €	22.530 €	22.868 €	23.211 €
Auszahlungen	1.371.810 €	1.392.387 €	1.413.273 €	1.434.472 €	1.455.989 €	1.477.829 €	1.499.996 €	1.522.496 €	1.545.334 €	1.568.514 €	1.592.042 €
Differenz Ein-/Auszahlungen	77.895 €	678.621 €	657.735 €	636.536 €	615.019 €	593.179 €	571.012 €	548.512 €	525.674 €	502.494 €	478.966 €

Jahr	11	12	13	14	15	16	17	18	19	20	GESAMT
Wirtschaftsjahr	*12*	*13*	*14*	*15*	*16*	*17*	*18*	*19*	*20*	*21*	
Stromvergütung	2.071.008 €	2.071.008 €	2.071.008 €	2.071.008 €	2.071.008 €	2.071.008 €	2.071.008 €	2.071.008 €	2.071.008 €	2.071.008 €	42.869.865 €
Substituiertes Heizöl Wohnhaus	0 €	0 €	0 €	0 €	0 €	0 €	0 €	0 €	0 €	0 €	0 €
Düngerersatzkostenwert	0 €	0 €	0 €	0 €	0 €	0 €	0 €	0 €	0 €	0 €	0 €
Einzahlungen	2.071.008 €	2.071.008 €	2.071.008 €	2.071.008 €	2.071.008 €	2.071.008 €	2.071.008 €	2.071.008 €	2.071.008 €	2.071.008 €	42.869.865 €
Wartung / Instand. *	36.837 €	37.389 €	37.950 €	38.519 €	39.097 €	39.684 €	40.279 €	40.883 €	41.496 €	42.119 €	765.242 €
Wartung / Instand. BHKW*	185.383 €	188.164 €	190.986 €	193.851 €	196.759 €	199.710 €	202.706 €	205.747 €	208.833 €	211.965 €	3.851.122 €
Haftpflichtversicherung*	47.118 €	47.825 €	48.542 €	49.270 €	50.009 €	50.759 €	51.521 €	52.294 €	53.078 €	53.874 €	978.821 €
Zündöl*	0 €	0 €	0 €	0 €	0 €	0 €	0 €	0 €	0 €	0 €	0 €
Ausbringungskosten*	80.854 €	82.067 €	83.298 €	84.548 €	85.816 €	87.103 €	88.410 €	89.736 €	91.082 €	92.448 €	1.679.657 €
Substrate*	1.097.283 €	1.113.742 €	1.130.448 €	1.147.405 €	1.164.616 €	1.182.085 €	1.199.817 €	1.217.814 €	1.236.081 €	1.254.622 €	22.794.781 €
Geschäftsführung*	14.135 €	14.347 €	14.563 €	14.781 €	15.003 €	15.228 €	15.456 €	15.688 €	15.923 €	16.162 €	293.646 €
Betriebsführung*	103.660 €	105.214 €	106.793 €	108.395 €	110.020 €	111.671 €	113.346 €	115.046 €	116.772 €	118.523 €	2.153.406 €
Steuerberatung*	9.424 €	9.565 €	9.708 €	9.854 €	10.002 €	10.152 €	10.304 €	10.459 €	10.616 €	10.775 €	195.764 €
Grundstückspacht*	17.669 €	17.934 €	18.203 €	18.476 €	18.753 €	19.035 €	19.320 €	19.610 €	19.904 €	20.203 €	367.058 €
Sonstiges*	23.559 €	23.912 €	24.271 €	24.635 €	25.005 €	25.380 €	25.760 €	26.147 €	26.539 €	26.937 €	489.410 €
Auszahlungen	1.615.922 €	1.640.161 €	1.664.763 €	1.689.735 €	1.715.081 €	1.740.807 €	1.766.919 €	1.793.423 €	1.820.324 €	1.847.629 €	33.568.907 €
Differenz Ein-/Auszahlungen	455.086 €	430.847 €	406.245 €	381.273 €	355.927 €	330.201 €	304.089 €	277.585 €	250.684 €	223.379 €	9.300.958 €

Anschaffungsauszahlung	-4.298.000 €
Ein-/Aus zu 9,5 %	4.329.177 €
Kapitalwert	31.177 €

* Steigerung mit 1,5% / Jahr

Zu Kapitel 7.5.2.

Anlage 3.5

Jahr	Inbetriebnahme	1	2	3	4	5	6	7	8	9	10
Wirtschaftsjahr	01	02	03	04	05	06	07	08	09	10	11
Stromvergütung	1.449.705 €	1.941.570 €	1.941.570 €	1.941.570 €	1.941.570 €	1.941.570 €	1.941.570 €	1.941.570 €	1.941.570 €	1.941.570 €	1.941.570 €
Substituiertes Heizöl Wohnhaus	0 €	0 €	0 €	0 €	0 €	0 €	0 €	0 €	0 €	0 €	0 €
Düngerersatzkostenwert	0 €	0 €	0 €	0 €	0 €	0 €	0 €	0 €	0 €	0 €	0 €
Einzahlungen	1.449.705 €	1.941.570 €	1.941.570 €	1.941.570 €	1.941.570 €	1.941.570 €	1.941.570 €	1.941.570 €	1.941.570 €	1.941.570 €	1.941.570 €
Wartung / Instand. *	31.272 €	31.741 €	32.217 €	32.700 €	33.191 €	33.689 €	34.194 €	34.707 €	35.228 €	35.756 €	36.292 €
Wartung / Instand. BHKW*	157.378 €	159.739 €	162.135 €	164.567 €	167.035 €	169.541 €	172.084 €	174.665 €	177.285 €	179.944 €	182.644 €
Haftpflichtversicherung*	40.000 €	40.600 €	41.209 €	41.827 €	42.455 €	43.091 €	43.738 €	44.394 €	45.060 €	45.736 €	46.422 €
Zündöl*	0 €	0 €	0 €	0 €	0 €	0 €	0 €	0 €	0 €	0 €	0 €
Ausbringungskosten*	68.640 €	69.670 €	70.715 €	71.775 €	72.852 €	73.945 €	75.054 €	76.180 €	77.322 €	78.482 €	79.660 €
Substrate*	931.520 €	945.493 €	959.675 €	974.070 €	988.681 €	1.003.512 €	1.018.564 €	1.033.843 €	1.049.350 €	1.065.091 €	1.081.067 €
Geschäftsführung*	12.000 €	12.180 €	12.363 €	12.548 €	12.736 €	12.927 €	13.121 €	13.318 €	13.518 €	13.721 €	13.926 €
Betriebsführung*	88.000 €	89.320 €	90.660 €	92.020 €	93.400 €	94.801 €	96.223 €	97.666 €	99.131 €	100.618 €	102.128 €
Steuerberatung*	8.000 €	8.120 €	8.242 €	8.365 €	8.491 €	8.618 €	8.748 €	8.879 €	9.012 €	9.147 €	9.284 €
Grundstückspacht*	15.000 €	15.225 €	15.453 €	15.685 €	15.920 €	16.159 €	16.402 €	16.648 €	16.897 €	17.151 €	17.408 €
Sonstiges*	20.000 €	20.300 €	20.605 €	20.914 €	21.227 €	21.546 €	21.869 €	22.197 €	22.530 €	22.868 €	23.211 €
Auszahlungen	1.371.810 €	1.392.387 €	1.413.273 €	1.434.472 €	1.455.989 €	1.477.829 €	1.499.996 €	1.522.496 €	1.545.334 €	1.568.514 €	1.592.042 €
Differenz Ein-/Auszahlungen	77.895 €	549.183 €	528.297 €	507.098 €	485.581 €	463.741 €	441.574 €	419.074 €	396.236 €	373.056 €	349.528 €

Jahr	11	12	13	14	15	16	17	18	19	20	GESAMT
Wirtschaftsjahr	12	13	14	15	16	17	18	19	20	21	
Stromvergütung	1.941.570 €	1.941.570 €	1.941.570 €	1.941.570 €	1.941.570 €	1.941.570 €	1.941.570 €	1.941.570 €	1.941.570 €	1.941.570 €	40.281.105 €
Substituiertes Heizöl Wohnhaus	0 €	0 €	0 €	0 €	0 €	0 €	0 €	0 €	0 €	0 €	0 €
Düngerersatzkostenwert	0 €	0 €	0 €	0 €	0 €	0 €	0 €	0 €	0 €	0 €	0 €
Einzahlungen	1.941.570 €	1.941.570 €	1.941.570 €	1.941.570 €	1.941.570 €	1.941.570 €	1.941.570 €	1.941.570 €	1.941.570 €	1.941.570 €	40.384.655 €
Wartung / Instand. *	36.837 €	37.389 €	37.950 €	38.519 €	39.097 €	39.684 €	40.279 €	40.883 €	41.496 €	42.119 €	765.242 €
Wartung / Instand. BHKW*	185.383 €	188.164 €	190.986 €	193.851 €	196.759 €	199.710 €	202.706 €	205.747 €	208.833 €	211.965 €	3.851.122 €
Haftpflichtversicherung*	47.118 €	47.825 €	48.542 €	49.270 €	50.009 €	50.759 €	51.521 €	52.294 €	53.078 €	53.874 €	978.821 €
Zündöl*	0 €	0 €	0 €	0 €	0 €	0 €	0 €	0 €	0 €	0 €	0 €
Ausbringungskosten*	80.854 €	82.067 €	83.298 €	84.548 €	85.816 €	87.103 €	88.410 €	89.736 €	91.082 €	92.448 €	1.679.657 €
Substrate*	1.097.283 €	1.113.742 €	1.130.448 €	1.147.405 €	1.164.616 €	1.182.085 €	1.199.817 €	1.217.814 €	1.236.081 €	1.254.622 €	22.794.781 €
Geschäftsführung*	14.135 €	14.347 €	14.563 €	14.781 €	15.003 €	15.228 €	15.456 €	15.688 €	15.923 €	16.162 €	293.646 €
Betriebsführung*	103.660 €	105.214 €	106.793 €	108.395 €	110.020 €	111.671 €	113.346 €	115.046 €	116.772 €	118.523 €	2.153.406 €
Steuerberatung*	9.424 €	9.565 €	9.708 €	9.854 €	10.002 €	10.152 €	10.304 €	10.459 €	10.616 €	10.775 €	195.764 €
Grundstückspacht*	17.669 €	17.934 €	18.203 €	18.476 €	18.753 €	19.035 €	19.320 €	19.610 €	19.904 €	20.203 €	367.058 €
Sonstiges*	23.559 €	23.912 €	24.271 €	24.635 €	25.005 €	25.380 €	25.760 €	26.147 €	26.539 €	26.937 €	489.410 €
Auszahlungen	1.615.922 €	1.640.161 €	1.664.763 €	1.689.735 €	1.715.081 €	1.740.807 €	1.766.919 €	1.793.423 €	1.820.324 €	1.847.629 €	33.568.907 €
Differenz Ein-/Auszahlungen	325.648 €	301.409 €	276.807 €	251.835 €	226.489 €	200.763 €	174.651 €	148.147 €	121.246 €	93.941 €	6.712.198 €

Anschaffungsauszahlung	-4.298.000 €
Ein-/Aus zu 7 %	3.871.157 €
Kapitalwert	-426.843 €

* Steigerung mit 1,5% / Jahr

Zu Kapitel 7.5.3.

Anlage 3.6

Jahr	Inbetriebnahme	1	2	3	4	5	6	7	8	9	10
Wirtschaftsjahr	*01*	*02*	*03*	*04*	*05*	*06*	*07*	*08*	*09*	*10*	*11*
Stromvergütung	1.449.705 €	1.941.570 €	1.941.570 €	1.941.570 €	1.941.570 €	1.941.570 €	1.941.570 €	1.941.570 €	1.941.570 €	1.941.570 €	1.941.570 €
Substituiertes Heizöl Wohnhaus	0 €	0 €	0 €	0 €	0 €	0 €	0 €	0 €	0 €	0 €	0 €
Düngerersatzkostenwert	0 €	0 €	0 €	0 €	0 €	0 €	0 €	0 €	0 €	0 €	0 €
Einzahlungen	1.449.705 €	1.941.570 €	1.941.570 €	1.941.570 €	1.941.570 €	1.941.570 €	1.941.570 €	1.941.570 €	1.941.570 €	1.941.570 €	1.941.570 €
Wartung / Instand. *	31.272 €	31.741 €	32.217 €	32.700 €	33.191 €	33.689 €	34.194 €	34.707 €	35.228 €	35.756 €	36.292 €
Wartung / Instand. BHKW*	157.378 €	159.739 €	162.135 €	164.567 €	167.035 €	169.541 €	172.084 €	174.665 €	177.285 €	179.944 €	182.644 €
Haftpflichtversicherung*	40.000 €	40.600 €	41.209 €	41.827 €	42.455 €	43.091 €	43.738 €	44.394 €	45.060 €	45.736 €	46.422 €
Zündöl*	0 €	0 €	0 €	0 €	0 €	0 €	0 €	0 €	0 €	0 €	0 €
Ausbringungskosten*	68.640 €	69.670 €	70.715 €	71.775 €	72.852 €	73.945 €	75.054 €	76.180 €	77.322 €	78.482 €	79.660 €
Substrate*	931.520 €	945.493 €	959.675 €	974.070 €	988.681 €	1.003.512 €	1.018.564 €	1.033.843 €	1.049.350 €	1.065.091 €	1.081.067 €
Geschäftsführung*	12.000 €	12.180 €	12.363 €	12.548 €	12.736 €	12.927 €	13.121 €	13.318 €	13.518 €	13.721 €	13.926 €
Betriebsführung*	88.000 €	89.320 €	90.660 €	92.020 €	93.400 €	94.801 €	96.223 €	97.666 €	99.131 €	100.618 €	102.128 €
Steuerberatung*	8.000 €	8.120 €	8.242 €	8.365 €	8.491 €	8.618 €	8.748 €	8.879 €	9.012 €	9.147 €	9.284 €
Grundstückspacht*	15.000 €	15.225 €	15.453 €	15.685 €	15.920 €	16.159 €	16.402 €	16.648 €	16.897 €	17.151 €	17.408 €
Sonstiges*	20.000 €	20.300 €	20.605 €	20.914 €	21.227 €	21.546 €	21.869 €	22.197 €	22.530 €	22.868 €	23.211 €
Auszahlungen	1.371.810 €	1.392.387 €	1.413.273 €	1.434.472 €	1.455.989 €	1.477.829 €	1.499.996 €	1.522.496 €	1.545.334 €	1.568.514 €	1.592.042 €
Differenz Ein-/Auszahlungen	**77.895 €**	**549.183 €**	**528.297 €**	**507.098 €**	**485.581 €**	**463.741 €**	**441.574 €**	**419.074 €**	**396.236 €**	**373.056 €**	**349.528 €**

Jahr	11	12	13	14	15	16	17	18	19	20	GESAMT
Wirtschaftsjahr	12	13	14	15	16	17	18	19	20	21	
Stromvergütung	1.941.570 €	1.941.570 €	1.941.570 €	1.941.570 €	1.941.570 €	1.941.570 €	1.941.570 €	1.941.570 €	1.941.570 €	1.941.570 €	40.281.105 €
Substituiertes Heizöl Wohnhaus	0 €	0 €	0 €	0 €	0 €	0 €	0 €	0 €	0 €	0 €	0 €
Düngerersatzkostenwert	0 €	0 €	0 €	0 €	0 €	0 €	0 €	0 €	0 €	0 €	0 €
Einzahlungen	1.941.570 €	1.941.570 €	1.941.570 €	1.941.570 €	1.941.570 €	1.941.570 €	1.941.570 €	1.941.570 €	1.941.570 €	1.941.570 €	40.358.767 €
Wartung / Instand. *	36.837 €	37.389 €	37.950 €	38.519 €	39.097 €	39.684 €	40.279 €	40.883 €	41.496 €	42.119 €	765.242 €
Wartung / Instand. BHKW*	185.383 €	188.164 €	190.986 €	193.851 €	196.759 €	199.710 €	202.706 €	205.747 €	208.833 €	211.965 €	3.851.122 €
Haftpflichtversicherung*	47.118 €	47.825 €	48.542 €	49.270 €	50.009 €	50.759 €	51.521 €	52.294 €	53.078 €	53.874 €	978.821 €
Zündöl*	0 €	0 €	0 €	0 €	0 €	0 €	0 €	0 €	0 €	0 €	0 €
Ausbringungskosten*	80.854 €	82.067 €	83.298 €	84.548 €	85.816 €	87.103 €	88.410 €	89.736 €	91.082 €	92.448 €	1.679.657 €
Substrate*	1.097.283 €	1.113.742 €	1.130.448 €	1.147.405 €	1.164.616 €	1.182.085 €	1.199.817 €	1.217.814 €	1.236.081 €	1.254.622 €	22.794.781 €
Geschäftsführung*	14.135 €	14.347 €	14.563 €	14.781 €	15.003 €	15.228 €	15.456 €	15.688 €	15.923 €	16.162 €	293.646 €
Betriebsführung*	103.660 €	105.214 €	106.793 €	108.395 €	110.020 €	111.671 €	113.346 €	115.046 €	116.772 €	118.523 €	2.153.406 €
Steuerberatung*	9.424 €	9.565 €	9.708 €	9.854 €	10.002 €	10.152 €	10.304 €	10.459 €	10.616 €	10.775 €	195.764 €
Grundstückspacht*	17.669 €	17.934 €	18.203 €	18.476 €	18.753 €	19.035 €	19.320 €	19.610 €	19.904 €	20.203 €	367.058 €
Sonstiges*	23.559 €	23.912 €	24.271 €	24.635 €	25.005 €	25.380 €	25.760 €	26.147 €	26.539 €	26.937 €	489.410 €
Auszahlungen	1.615.922 €	1.640.161 €	1.664.763 €	1.689.735 €	1.715.081 €	1.740.807 €	1.766.919 €	1.793.423 €	1.820.324 €	1.847.629 €	33.568.907 €
Differenz Ein-/Auszahlungen	325.648 €	301.409 €	276.807 €	251.835 €	226.489 €	200.763 €	174.651 €	148.147 €	121.246 €	93.941 €	6.712.198 €

Anschaffungsauszahlung	-4.298.000 €
Ein-/Aus zu 5 %	4.462.730 €
Kapitalwert	164.730 €

* Steigerung mit 1,5% / Jahr

Zu Kapitel 7.5.3.

Anlage 3.7

Jahr	Inbetriebnahme	1	2	3	4	5	6	7	8	9	10
Wirtschaftsjahr	01	02	03	04	05	06	07	08	09	10	11
Stromvergütung	1.449.705 €	2.071.008 €	2.071.008 €	2.071.008 €	2.071.008 €	2.071.008 €	2.071.008 €	2.071.008 €	2.071.008 €	2.071.008 €	2.071.008 €
Substituiertes Heizöl Wohnhaus	0 €	0 €	0 €	0 €	0 €	0 €	0 €	0 €	0 €	0 €	0 €
Düngerersatzkostenwert	0 €	0 €	0 €	0 €	0 €	0 €	0 €	0 €	0 €	0 €	0 €
Einzahlungen	1.449.705 €	2.071.008 €	2.071.008 €	2.071.008 €	2.071.008 €	2.071.008 €	2.071.008 €	2.071.008 €	2.071.008 €	2.071.008 €	2.071.008 €
Wartung / Instand. *	31.272 €	31.741 €	32.217 €	32.700 €	33.191 €	33.689 €	34.194 €	34.707 €	35.228 €	35.756 €	36.292 €
Wartung / Instand. BHKW*	157.378 €	159.739 €	162.135 €	164.567 €	167.035 €	169.541 €	172.084 €	174.665 €	177.285 €	179.944 €	182.644 €
Haftpflichtversicherung*	40.000 €	40.600 €	41.209 €	41.827 €	42.455 €	43.091 €	43.738 €	44.394 €	45.060 €	45.736 €	46.422 €
Zündöl*	0 €	0 €	0 €	0 €	0 €	0 €	0 €	0 €	0 €	0 €	0 €
Ausbringungskosten*	68.640 €	69.670 €	70.715 €	71.775 €	72.852 €	73.945 €	75.054 €	76.180 €	77.322 €	78.482 €	79.660 €
Substrate*	931.520 €	945.493 €	959.675 €	974.070 €	988.681 €	1.003.512 €	1.018.564 €	1.033.843 €	1.049.350 €	1.065.091 €	1.081.067 €
Geschäftsführung*	12.000 €	12.180 €	12.363 €	12.548 €	12.736 €	12.927 €	13.121 €	13.318 €	13.518 €	13.721 €	13.926 €
Betriebsführung*	88.000 €	89.320 €	90.660 €	92.020 €	93.400 €	94.801 €	96.223 €	97.666 €	99.131 €	100.618 €	102.128 €
Steuerberatung*	8.000 €	8.120 €	8.242 €	8.365 €	8.491 €	8.618 €	8.748 €	8.879 €	9.012 €	9.147 €	9.284 €
Grundstückspacht*	15.000 €	15.225 €	15.453 €	15.685 €	15.920 €	16.159 €	16.402 €	16.648 €	16.897 €	17.151 €	17.408 €
Sonstiges*	20.000 €	20.300 €	20.605 €	20.914 €	21.227 €	21.546 €	21.869 €	22.197 €	22.530 €	22.868 €	23.211 €
Auszahlungen	1.371.810 €	1.392.387 €	1.413.273 €	1.434.472 €	1.455.989 €	1.477.829 €	1.499.996 €	1.522.496 €	1.545.334 €	1.568.514 €	1.592.042 €
Differenz Ein-/Auszahlungen	77.895 €	678.621 €	657.735 €	636.536 €	615.019 €	593.179 €	571.012 €	548.512 €	525.674 €	502.494 €	478.966 €

Jahr	11	12	13	14	15	16	17	18	19	20	GESAMT
Wirtschaftsjahr	*12*	*13*	*14*	*15*	*16*	*17*	*18*	*19*	*20*	*21*	
Stromvergütung	2.071.008 €	2.071.008 €	2.071.008 €	2.071.008 €	2.071.008 €	2.071.008 €	2.071.008 €	2.071.008 €	2.071.008 €	2.071.008 €	42.869.865 €
Substituiertes Heizöl Wohnhaus	0 €	0 €	0 €	0 €	0 €	0 €	0 €	0 €	0 €	0 €	0 €
Düngerersatzkostenwert	0 €	0 €	0 €	0 €	0 €	0 €	0 €	0 €	0 €	0 €	0 €
Einzahlungen	2.071.008 €	2.071.008 €	2.071.008 €	2.071.008 €	2.071.008 €	2.071.008 €	2.071.008 €	2.071.008 €	2.071.008 €	2.071.008 €	42.869.865 €
Wartung / Instand. *	36.837 €	37.389 €	37.950 €	38.519 €	39.097 €	39.684 €	40.279 €	40.883 €	41.496 €	42.119 €	765.242 €
Wartung / Instand. BHKW*	185.383 €	188.164 €	190.986 €	193.851 €	196.759 €	199.710 €	202.706 €	205.747 €	208.833 €	211.965 €	3.851.122 €
Haftpflichtversicherung*	47.118 €	47.825 €	48.542 €	49.270 €	50.009 €	50.759 €	51.521 €	52.294 €	53.078 €	53.874 €	978.821 €
Zündöl*	0 €	0 €	0 €	0 €	0 €	0 €	0 €	0 €	0 €	0 €	0 €
Ausbringungskosten*	80.854 €	82.067 €	83.298 €	84.548 €	85.816 €	87.103 €	88.410 €	89.736 €	91.082 €	92.448 €	1.679.657 €
Substrate*	1.097.283 €	1.113.742 €	1.130.448 €	1.147.405 €	1.164.616 €	1.182.085 €	1.199.817 €	1.217.814 €	1.236.081 €	1.254.622 €	22.794.781 €
Geschäftsführung*	14.135 €	14.347 €	14.563 €	14.781 €	15.003 €	15.228 €	15.456 €	15.688 €	15.923 €	16.162 €	293.646 €
Betriebsführung*	103.660 €	105.214 €	106.793 €	108.395 €	110.020 €	111.671 €	113.346 €	115.046 €	116.772 €	118.523 €	2.153.406 €
Steuerberatung*	9.424 €	9.565 €	9.708 €	9.854 €	10.002 €	10.152 €	10.304 €	10.459 €	10.616 €	10.775 €	195.764 €
Grundstückspacht*	17.669 €	17.934 €	18.203 €	18.476 €	18.753 €	19.035 €	19.320 €	19.610 €	19.904 €	20.203 €	367.058 €
Sonstiges*	23.559 €	23.912 €	24.271 €	24.635 €	25.005 €	25.380 €	25.760 €	26.147 €	26.539 €	26.937 €	489.410 €
Auszahlungen	1.615.922 €	1.640.161 €	1.664.763 €	1.689.735 €	1.715.081 €	1.740.807 €	1.766.919 €	1.793.423 €	1.820.324 €	1.847.629 €	33.568.907 €
Differenz Ein-/Auszahlungen	455.086 €	430.847 €	406.245 €	381.273 €	355.927 €	330.201 €	304.089 €	277.585 €	250.684 €	223.379 €	9.300.958 €

Anschaffungsauszahlung	-4.438.000 €
Ein-/Aus zu 9 %	4.476.710 €
Kapitalwert	38.710 €

* Steigerung mit 1,5% / Jahr

Zu Kapitel 7.5.4.

Anlage 3.8

Jahr	Inbetriebnahme	1	2	3	4	5	6	7	8	9	10
Wirtschaftsjahr	01	02	03	04	05	06	07	08	09	10	11
Stromvergütung	1.449.705 €	2.071.008 €	2.071.008 €	2.071.008 €	2.071.008 €	2.071.008 €	2.071.008 €	2.071.008 €	2.071.008 €	2.071.008 €	2.071.008 €
Substituiertes Heizöl Wohnhaus	0 €	0 €	0 €	0 €	0 €	0 €	0 €	0 €	0 €	0 €	0 €
Düngerersatzkostenwert	0 €	0 €	0 €	0 €	0 €	0 €	0 €	0 €	0 €	0 €	0 €
Einzahlungen	1.449.705 €	2.071.008 €	2.071.008 €	2.071.008 €	2.071.008 €	2.071.008 €	2.071.008 €	2.071.008 €	2.071.008 €	2.071.008 €	2.071.008 €
Wartung / Instand. *	31.272 €	31.741 €	32.217 €	32.700 €	33.191 €	33.689 €	34.194 €	34.707 €	35.228 €	35.756 €	36.292 €
Wartung / Instand. BHKW*	157.378 €	159.739 €	162.135 €	164.567 €	167.035 €	169.541 €	172.084 €	174.665 €	177.285 €	179.944 €	182.644 €
Haftpflichtversicherung*	40.000 €	40.600 €	41.209 €	41.827 €	42.455 €	43.091 €	43.738 €	44.394 €	45.060 €	45.736 €	46.422 €
Zündöl*	0 €	0 €	0 €	0 €	0 €	0 €	0 €	0 €	0 €	0 €	0 €
Ausbringungskosten*	68.640 €	69.670 €	70.715 €	71.775 €	72.852 €	73.945 €	75.054 €	76.180 €	77.322 €	78.482 €	79.660 €
Substrate*	931.520 €	945.493 €	959.675 €	974.070 €	988.681 €	1.003.512 €	1.018.564 €	1.033.843 €	1.049.350 €	1.065.091 €	1.081.067 €
Geschäftsführung*	12.000 €	12.180 €	12.363 €	12.548 €	12.736 €	12.927 €	13.121 €	13.318 €	13.518 €	13.721 €	13.926 €
Betriebsführung*	88.000 €	89.320 €	90.660 €	92.020 €	93.400 €	94.801 €	96.223 €	97.666 €	99.131 €	100.618 €	102.128 €
Steuerberatung*	8.000 €	8.120 €	8.242 €	8.365 €	8.491 €	8.618 €	8.748 €	8.879 €	9.012 €	9.147 €	9.284 €
Grundstückspacht*	15.000 €	15.225 €	15.453 €	15.685 €	15.920 €	16.159 €	16.402 €	16.648 €	16.897 €	17.151 €	17.408 €
Sonstiges*	20.000 €	20.300 €	20.605 €	20.914 €	21.227 €	21.546 €	21.869 €	22.197 €	22.530 €	22.868 €	23.211 €
Auszahlungen	1.371.810 €	1.392.387 €	1.413.273 €	1.434.472 €	1.455.989 €	1.477.829 €	1.499.996 €	1.522.496 €	1.545.334 €	1.568.514 €	1.592.042 €
Differenz Ein-/Auszahlungen	77.895 €	678.621 €	657.735 €	636.536 €	615.019 €	593.179 €	571.012 €	548.512 €	525.674 €	502.494 €	478.966 €

Jahr	11	12	13	14	15	16	17	18	19	20	GESAMT
Wirtschaftsjahr	12	13	14	15	16	17	18	19	20	21	
Stromvergütung	2.071.008 €	2.071.008 €	2.071.008 €	2.071.008 €	2.071.008 €	2.071.008 €	2.071.008 €	2.071.008 €	2.071.008 €	2.071.008 €	42.869.865 €
Substituiertes Heizöl Wohnhaus	0 €	0 €	0 €	0 €	0 €	0 €	0 €	0 €	0 €	0 €	0 €
Düngerersatzkostenwert	0 €	0 €	0 €	0 €	0 €	0 €	0 €	0 €	0 €	0 €	0 €
Einzahlungen	2.071.008 €	2.071.008 €	2.071.008 €	2.071.008 €	2.071.008 €	2.071.008 €	2.071.008 €	2.071.008 €	2.071.008 €	2.071.008 €	42.869.865 €
Wartung / Instand. *	36.837 €	37.389 €	37.950 €	38.519 €	39.097 €	39.684 €	40.279 €	40.883 €	41.496 €	42.119 €	765.242 €
Wartung / Instand. BHKW*	185.383 €	188.164 €	190.986 €	193.851 €	196.759 €	199.710 €	202.706 €	205.747 €	208.833 €	211.965 €	3.851.122 €
Haftpflichtversicherung*	47.118 €	47.825 €	48.542 €	49.270 €	50.009 €	50.759 €	51.521 €	52.294 €	53.078 €	53.874 €	978.821 €
Zündöl*	0 €	0 €	0 €	0 €	0 €	0 €	0 €	0 €	0 €	0 €	0 €
Ausbringungskosten*	80.854 €	82.067 €	83.298 €	84.548 €	85.816 €	87.103 €	88.410 €	89.736 €	91.082 €	92.448 €	1.679.657 €
Substrate*	1.097.283 €	1.113.742 €	1.130.448 €	1.147.405 €	1.164.616 €	1.182.085 €	1.199.817 €	1.217.814 €	1.236.081 €	1.254.622 €	22.794.781 €
Geschäftsführung*	14.135 €	14.347 €	14.563 €	14.781 €	15.003 €	15.228 €	15.456 €	15.688 €	15.923 €	16.162 €	293.646 €
Betriebsführung*	103.660 €	105.214 €	106.793 €	108.395 €	110.020 €	111.671 €	113.346 €	115.046 €	116.772 €	118.523 €	2.153.406 €
Steuerberatung*	9.424 €	9.565 €	9.708 €	9.854 €	10.002 €	10.152 €	10.304 €	10.459 €	10.616 €	10.775 €	195.764 €
Grundstückspacht*	17.669 €	17.934 €	18.203 €	18.476 €	18.753 €	19.035 €	19.320 €	19.610 €	19.904 €	20.203 €	367.058 €
Sonstiges*	23.559 €	23.912 €	24.271 €	24.635 €	25.005 €	25.380 €	25.760 €	26.147 €	26.539 €	26.937 €	489.410 €
Auszahlungen	1.615.922 €	1.640.161 €	1.664.763 €	1.689.735 €	1.715.081 €	1.740.807 €	1.766.919 €	1.793.423 €	1.820.324 €	1.847.629 €	33.568.907 €
Differenz Ein-/Auszahlungen	455.086 €	430.847 €	406.245 €	381.273 €	355.927 €	330.201 €	304.089 €	277.585 €	250.684 €	223.379 €	9.300.958 €

Anschaffungsauszahlung	-4.438.000 €
Ein-/Aus zu 9,5 %	4.329.177 €
Kapitalwert	-108.823 €

* Steigerung mit 1,5% / Jahr

Zu Kapitel 7.5.4.

Literaturverzeichnis

I. Bücher

Bulling, *Kapitalwirtschaft I+ II*, Skript der Vorlesung an der TFH Berlin, Berlin 2004

Däumler, K.-D., *Grundlagen der Investitions- und Wirtschaftlichkeitsrechnung*,
       10. Aufl., Verlag Neue Wirtschaftsbriefe, Herne/Berlin 2000

FNR, *Grundsätze der Projektplanung*, Potsdam 2004

FNR, *Leitfaden Bioenergie*, Online in Internet:
       http://www.fnr.server.de/pdf/literatur/Kapitel10.pdf

FNR, *Leitfaden Biogas,* Fachagentur Nachwachsende Rohstoffe, Gülzow 2004

Hoffstede, U., *Kostenanalyse zur Stromerzeugung in landwirtschaftlichen Biogasanla-*
       gen – Einfluss nachwachsender Rohstoffe als Kosubstrate, Studie des
       ISET e.V. für den Fachverband Biogas e.V., Freising 2002

Keymer, U., *Überlegungen zur Errechnung theoretischer Gasausbeuten in Biogasanla-*
       gen vergärbarer Substrate, Landtechnik-Bericht Nr. 32, Freising 2001

Olfert, Klaus, *Investition*, 8.Auflage, Friedrich Kahl Verlag, Ludwigshafen 1977

o. V., *Emission von Bundesanleihen und Bundesobligationen des Bundes seit 1999*,
       Deutsche Bundesbank, Stand 15. Juni 2005

Swoboda, Peter- *Investitionen und Finanzierung*, 4. Auflage, Vandenhoeck & Ruprecht,
       Göttingen 1992

II. Firmenexterne Angebote und Recherchen

Bosse, Peter, Angebot für Blockheizkraftwerke Biogas, Schwerin 2004

Fachverband Biogas, Firmen, Institutionen, Planer und Hersteller von Biogasanlagen
       und Komponenten, Fachverband Biogas e.V., Freising 2005

KfW Förderbank, Förderbedingungen und Zinskonditionen Umweltkredit, Online in
       Internet: http://kfw-foerderbank.de/DE/Umweltschutz/ERP-
       Umwelt93/Frderbedin.jsp

Schmack Biogas, Biogas-Contract II, Online in Internet: http://www.schmack-
       biogas.com/finanzierung_contract.htm

Schmack Biogas, Fondsportrait "Biogasanlage Hünxe mit 2MW", Online in Internet:
       http://www.umweltfondsvergleich.de/fp/archiv/fondsportrait/ biogas-
       fonds_huenxe.sht

Tripmacker, Rainer, Angebot für den Bau einer Biogasanlage, Schwerin 2004

Recherche – Persönliche Anfragen an folgende Betreiber:

AG Pirow, BHKW 250 kW, 7500 Betriebsstunden, keine Zinsangaben

AG Dedelow, 400 kW, 8000 Betriebsstunden, keine Zinsangaben

AG Wittstock, 450 kW, 8500 Betriebsstunden, keine Zinsangaben

III. Zeitschriften und Magazine

AG Biogas, *Biogas in der Landwirtschaft*, Ministerium für Landwirtschaft, Umwelt-schutz und Raumordnung des Landes Brandenburg, Referat Presse- und Öffentlichkeitsarbeit, Potsdam 2003

aid infodienst, *Biogasanlagen in der Landwirtschaft*, aid infodienst Verbraucherschutz, Ernährung, Landwirtschaft e. V., Bonn 2003

BLfL, *Bayrische Landesanstalt für Landwirtschaft*, München Mai 2004

FNR, *Biogasanlagen 12 Datenblätter*, Fachagentur Nachwachsende Rohstoffe e. V., Gülzow 2004

o. V., Online in Internet:http://www.finanztreff.de/fp/archiv/

IV. Gesetze und Vorschriften

EEG 2000, Gesetz für den Vorrang Erneuerbarer Energien, Bundesanzeiger Verlag, Berlin 2000

Novelle des EEG, Novelle zum Gesetz für den Vorrang Erneuerbarer Energien, Bundesanzeiger, Berlin 2004

o. V., Bundesgesetzblatt Nr. 13, Bonn, 29. März 2000

Rahlwes, R., Richtlinien zur Förderung von Maßnahmen zur Nutzung erneuerbarer Energien vom 26. November 2003, Bundesanzeiger Nr. 234, Bundesministerium für Umwelt, Naturschutz und Reaktorsicherheit, 2003